农村妇女扫盲教育读本

欧盟—外交部经济社会文化权利合作项目办公室
云南省教育厅基础教育处 　编

云南大学出版社

编　写　说　明

　　为了配合"欧盟——外交部经济、社会和文化权力领域合作项目"的有效实施，我们编写了这本《农村妇女扫盲教育读本》，力求处理好课文内容与语文知识之间的关系，既做到教材内容的选择贴近学员的生产生活实际，又符合语文知识的逻辑性；采用图文并茂、生动活泼、通俗易懂、易读易记的方式，激发学员的学习兴趣；在每个单元前编设教学提示，为教师和学员提供教学指导；力求在注重针对性、基础性、实用性的同时，又具有一定的前瞻性和先导性；力求处理好掌握知识与发展能力的关系，使之有助于提高学员的思想、文化、科技素质，培养创业、创新精神和竞争、进取意识。

　　全书分学拼音、集中识字、基本语文、应用文写作、简单计算与记账、阅读等六大部分。

　　集中识字部分：共有 30 课。主要通过看图识字和归类识字，学习日常生产生活中的常用字词。在逐步介绍拼音、笔画、笔顺、偏旁部首、字体结构等知识的基础上，介绍一些形声字、形近字等知识，以掌握识字规律。

　　基本语文和阅读部分：共有 22 课。这部分既是对集中识字的巩固和应用，又是分散识字、扩大识字量的延续，还是对字、词、句、篇的综合训练，更重要的是通过文以载道、文以载技，使妇女学员掌握日常生产生活中所必需的基础知识和基本技能，了解国情、省情和正在不断变化的世界，提高他们的思想文化水平。

应用文写作部分：共有 7 课。重点介绍在市场经济条件下农民常用的一些应用文体，如书信、申请书、借条、留言条、自我推荐书等，提供常用的基本要求、格式和范例，以便学员模仿应用。

简单计算和记账部分：共有 9 课。主要介绍农民日常生产生活中常用的加、减、乘、除运算及比和比例等方面的基本概念，使学员能够计算简单的账目和记账。

为加强和突出语文基础知识的学习，我们将与字、词、句、篇有关的基本知识要点总结归纳为识字写字一至六，怎样查字典和常用标点符号的用法，学词用词一至四，以及篇章学习等，作为相对独立的知识点，按教学进程分别穿插于课文之间。为便于学有余力的学员自学提高，我们还是在课文中的生字上标注了拼音，并在书后附了简略的"汉语拼音方案"。此外，"常用计量单位及换算"也收入附录，以方便学员学习和运用。

在教学中，教师应熟悉、掌握教材的课文体系，可结合当地生产、生活实际和学员基础状况，根据相对独立的知识和课程内容，对课文可酌情适当增删，也可以灵活选用相关课文，重组教学内容和顺序。

编　者

二〇〇三年五月

目　录

一、学拼音

教学提示

1. 引导学员借助表意、表形图，会认、会读声母、韵母，并会读声、韵母的四声调。
2. 要求学员借助实物图，能拼读音节。
3. 逐步要求学员离开实物图后也能拼读音节。
4. 引导学员借助拼音，识记汉字。

1 a o e i u ü

a "啊"读轻短些就是 a，a，a，a。 o 公鸡叫了 o，o，o。 e "鹅"读为一声就是 e，e，e，e。

☆带上四声调读：

ā á ǎ à
ō ó ǒ ò
ē é ě è

·1·

i "衣服"的"衣" u "乌鸦"的"乌", ü "鱼"读作一声就
    i, i, i。   u, u, u。   是"ü", ü, ü, ü。

ī í ǐ ì　ū ú ǔ ù　ǖ ǘ ǚ ǜ

2 b p m f d t n l

b "听广播"的"播"，
b,b,b。

p "泼水"的"泼"，
p,p,p。

m "瞎子摸人"的"摸"，
m,m,m。

f "佛像"的"佛"，
f,f,f。

d 马蹄印儿，
d, d, d。

t 雨伞把儿，
t, t, t。

n 一个门洞，
n, n, n。

l 一根小棍，
l, l, l。

☆ 拼一拼

b—ā→bā   b—á→bá   b—ǎ→bǎ   b—à→bà

叭   拔   靶   爸

lǎ bā   bá luó bo   dǎ bǎ   bà ba

喇叭   拔萝卜   打靶   爸爸

dà mǐ   tǔ dì   mǎ pǐ   tù

大米   土地   马匹   兔

nán nǚ

男女

3 g k h j q x

g   "鸽"子的"鸽"，
g，g，g。

K   "蝌蚪"的"蝌"，
k，k，k。

h   "喝水"的"喝"，
h，h，h。

j   "母鸡"的"鸡"，
j，j，j。

q   "气球"的"气"，
q，q，q。

x   "西瓜"的"西"，
x，x，x。

☆ 拼一拼

g   gē   哥哥
        kǒu
k — e — kě   口 渴
        shuǐ
h   hē   喝 水

j   jū
        zhù
        居 住
q — ü — qǔ
        zhēng
        争 取
x   xū
        yào
        需 要

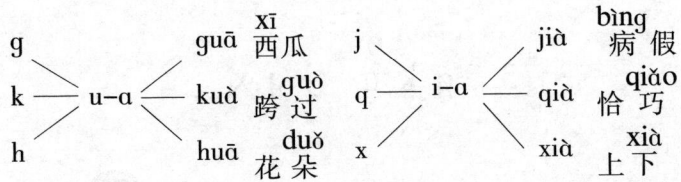

4 z c s zh ch sh r y w

Z zi   C ci   S si

"写字"的"字"读
作一声就是"z"。

"刺猬"的"刺",读
作一声就是"c"。

蚕儿吐"丝":
s,s,s。

zī zí zǐ zì   cī cí cǐ cì   sī sí sǐ sì

zh zhi   ch chi   sh shi

"织毛衣"的"织":
zh, zh, zh。

"吃东西"的"吃":
ch, ch, ch。

"老师"的"师":
sh, sh, sh。

r ri   y yi   W wu

"红日"的"日"：   "i"做声母：   "u"做声母：
r，r，r。   y，y，y。   w，w，w。

cèsuǒ   chǎngfáng   chēzhàn
厕 所   厂 房   车 站

5 ai ei ui ao ou iu

ai 两个小孩紧相
挨的"挨"：
ai，ai，ai。

ei 抡斧头，哎哟
嘿，e字加i，
ei，ei，ei。

ui 围巾的"围"：
ui，ui，ui。

āi ái ǎi ài　　ēi éi ěi èi　　ūi úi ǔi ùi

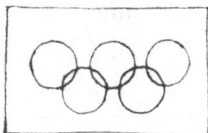

ao "奥运"的"奥"：
ao，ao，ao。

ou "海鸥"的"鸥"：
ou，ou，ou。

iu "游泳"的"游"：
iu，iu，iu。

āo áo ǎo ào　ōu óu ǒu òu　iū iú iǔ iù

☆拼一拼　读一读

báicài
白菜

méihuā
梅 花

wūguī
乌龟

māo
猫

gǒu
狗

niú
牛

6 ie üe er in un ün（yin yun）

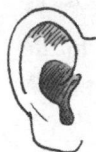

ie ye　üe yue　er

"椰子树"的"椰"：
ie，ie，ie。

"月亮"的"月"：
üe，üe，üe。

"耳朵"的"耳"：
er，er，er。

in yin　un　ün yun

"树阴"的"阴"：
in，in，in。

"蚊子"的"蚊"：
un，un，un。

"云彩"的"云"：
ün，ün，ün。

☆拼一拼　读一读

shù yè
树 叶

hú dié
蝴 蝶

j—ün→jūn
q—ün→qún
x—ün→xún

xǐ què
喜 鹊

pí xié
皮 鞋

7 an en yuan ang eng ing ong

an
tiān mén
ān 安→ 天安门

en
ménlíng
èn 摁→摁门铃

yuan
xíng
yuán 圆→圆形

ang
shān
yáng 羊→ 山羊

eng
tái
dēng 灯→台灯

ing
lǎo
yīng 鹰→老鹰

ong
shí
zhōng 钟→时钟

q—i—āng→qiāng
枪

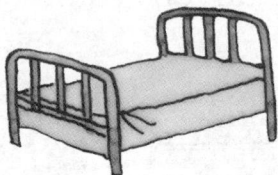

ch—u—áng→chuáng
床

x—i—óng→xióng
熊

x—i—àng→xiàng
象

8　整理与复习

☆23 个声母：

```
b  p  m  f         d  t  n  l
g  k  h            j  q  x
zh ch sh r         z  c  s
      y               w
```

☆24 个韵母：

```
a  o  e            i  u  ü
ai ei ui ao ou iu ie üe er
an en in un ün
ang eng ing ong
```

☆16 个整体认读音节：

```
zhi chi shi ri zi ci si
yi wu yu
ye yue yuan
yin yun yin
```

二、集中识字

教学提示

1. 要求学员熟读每课课文。

2. 引导学员看图或见物识字，讲明课文中的名词和短语、短句大意。

3. 结合课文内容，按照归类识字的规则，采用对汉字音、形、义进行比较和归纳的方法进行教学，使学员理解和掌握学习汉字的笔画、笔顺、偏旁部首、间架结构、同音字、多音字、形声字、形近字等语文基础知识。

4. 本单元的教学重点是掌握生字；难点是正确书写汉字，并读准字音。

5. 在集中识字的基础上，学习查字典的方法，并结合课文短句讲解常用标点符号的用法。

6. 指导学员完成课后练习。

1 数 字

shù zì

数字的写法较多，但常用的有下列三种。

	líng
阿拉伯数字：	0
小写：	〇
大写：	零

shù   zì

1 数   字

	líng
阿拉伯数字：	0
小写：	○
大写：	零

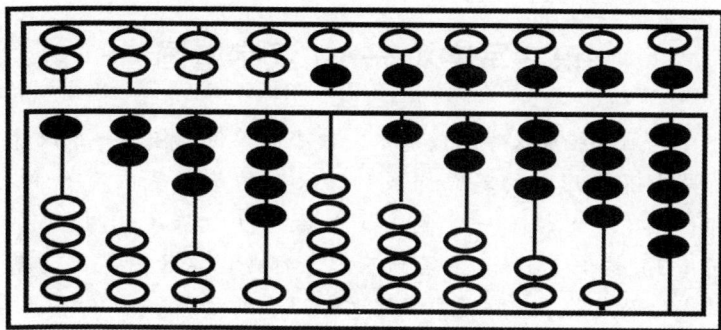

yī	èr	sān	sì	wǔ	liù	qī	bā	jiǔ	shí
1	2	3	4	5	6	7	8	9	10
一	二	三	四	五	六	七	八	九	十
壹	贰	叁	肆	伍	陆	柒	捌	玖	拾

一 三 五 七 九， 二 四 六 八 十，

<ruby>都<rt>dōu</rt></ruby> <ruby>是<rt>shì</rt></ruby> <ruby>数<rt>mù</rt></ruby> 目 字， <ruby>但<rt>dàn</rt></ruby> <ruby>又<rt>yòu</rt></ruby> <ruby>分<rt>fēn</rt></ruby> <ruby>奇<rt>jī</rt></ruby> <ruby>偶<rt>ǒu</rt></ruby>；

dōu shì　　mù　　　dàn yòu fēn jī ǒu
都 是 数 目 字， 但 又 分 奇 偶；

féng dān　　　　　　shuāng
逢 单 是 奇 数， 逢 双 是 偶 数。

练 习

1. 在下列阿拉伯数字后面写出相应的小写、大写汉字。

奇数：1 ＿＿＿ ＿＿＿3＿＿＿ ＿＿＿5＿＿＿ ＿＿＿

　　　7 ＿＿＿ ＿＿＿9＿＿＿ ＿＿＿

偶数：2 ＿＿＿ ＿＿＿4＿＿＿ ＿＿＿6＿＿＿ ＿＿＿

　　　8 ＿＿＿ ＿＿＿10＿＿＿ ＿＿＿

2. 听写阿拉伯数字及相应的小写汉字。

识字写字（一）：汉字笔画

笔画是组成汉字的最基本、最小的单位。任何一个汉字都是由不同形状的笔画组成的。汉字的基本笔画有 8 种，即：点（、）横（一）竖（丨）撇（丿）捺（乀）提（㇀）折（𠃌）钩（亅）。其余笔画基本上都是以这 8 种笔画为基础变化而成的。汉字笔画及名称如下表所示。

汉字笔画名称表

笔画	名称	例字	笔画	名称	例字
、	点	主	𠃌	横折折弯钩	仍
一	横	十	乙	横折弯	船
丨	竖	木	亅	竖钩	小
丿	撇	人	乚	竖提	以
乀	捺	八	L	竖折	山
㇀	提	打	乚	竖弯	西
乛	横钩	买	乚	竖弯钩	毛
乛	横撇	又	𠃌	竖折折钩	马
𠃌	横折	贝	𠃋	撇折	牟
𠃌	横折钩	句	𡿨	撇点	女
𠄌	横折提	讲	)	弯钩	狗
乙	横折弯钩	九	乀	斜钩	战
𠃌	横折折撇	级	乚	卧钩	心
𠃌	横撇弯钩	阳			

书写汉字时，要认真模仿笔画形状，尽可能书写规范，同时记住笔画名称。

dà zì rán

2 大自然

rì	yuè	shuǐ	huǒ
日	月	水	火

shān	shí	tǔ	mù
山	石	土	木

jiāng	hé	hú	hǎi	tiān	gāo		cháng
江	河	湖	海，	天	高	水	长；
xīng	yún	fēng	léi		shí	biàn	huàn
星	云	风	雷，	四	时	变	换。

练 习

1. 读写课文。

2. 认读下列汉字笔画。

丶（点）——六　一（横）——三　丨（竖）——十

丿（撇）——九　乀（捺）——八

3. 根据课文写出包含丶、一、丨、丿、乀等笔画的汉字各一个。

丶（　　　）一（　　　）丨（　　　）丿（　　　）乀（　　　）

rén tǐ bù wèi
3 人体部位及器官名称

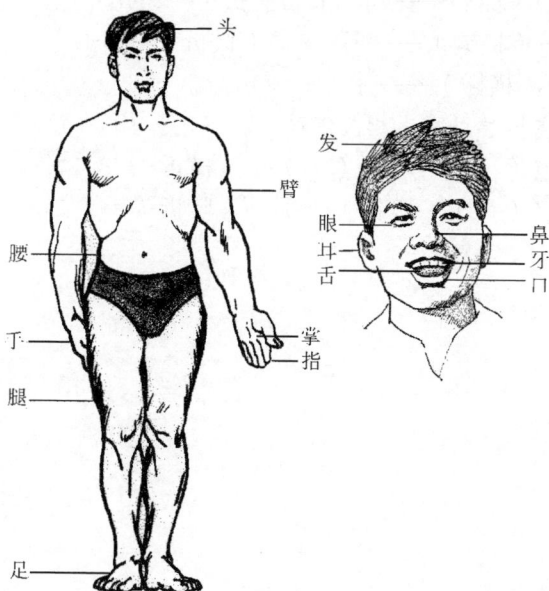

tóu	yǎn	ěr	bí	kǒu zuǐ
头	眼(目)	耳	鼻	口(嘴)
yá chǐ	shé	yāo	shǒu	jiǎo zú
牙(齿)	舌	腰	手	脚(足)
fā	bì	zhǎng	zhǐ	tuǐ
发	臂	掌	指	腿

练 习

1. 读写课文。

2. 认读汉字笔画，并注意区分近似笔画。

  亅（竖钩）——水 乚（竖折）——山

  →（横钩）——写 𠃍（横折）——日

  ⺄（横撇）——水

3. 在括号里写出相应笔画。

  点（ ） 横（ ） 横折（ ）

  竖（ ） 竖钩（ ） 竖折（ ）

识字写字（二）：汉字基本笔顺规则

书写汉字要遵循一定的顺序，这就是汉字的笔顺。如果不遵照笔顺书写汉字，写字时就不自然，也难以把字写好。汉字的笔顺大致可概括为八条规则。如下表所示。

汉字基本笔顺规则表

书写规则	例字	笔画顺序	
先横后竖	十	一 十	2 画
先撇后捺	人	丿 人	2 画
从上到下	主	丶 亠 亖 丯 主	5 画
从左到右	对	丶 又 对 对 对	5 画
从内到外	边	乛 力 办 边 边	5 画
从外到内	月	丿 刀 月 月	4 画
先中间后两边	小	亅 小 小	3 画
先外后内再封口	国	丨 冂 冋 同 同 同 国 国	8 画

另外，还要注意以下比较特殊的笔画书写顺序：1. 点的笔顺：点在左上角或正上方一般先写，如头、益、法、立、产等；点在右上角或在中间一般后写，如术、龙、找、玉、时、的、叉等。2. 竖在上面或横的左面、在上包下或全包围结构里一般先写，如上、占、日、同等。

dòng zuò
4 人 体 动 作

zǒu
走

zuò
坐

pǎo
跑

tiào
跳

tī
踢

wā
挖

pá
爬

pāi
拍

ná
拿

dǎ
打

kū
哭

xiào
笑

tīng
听

shuō
说

chuī
吹

dú
读

xiě
写

xiǎng
想

shuì
睡

kàn
看

练 习

1. 读写课文。

2. 认读汉字笔画，并注意区分近似笔画。

　　㇀（提）——跑　　㇄（竖提）——眼

　　㇆（撇点）——腰　　㇀（撇折）——牙

3. 学习汉字笔顺规则。

　　先横后竖：十——一　十

　　先撇后捺：八——丿　八

jiā qín   chù
5 家禽、家畜

zhū
猪

mǎ
马

niú
牛

yáng
羊

jī
鸡

yā
鸭

é
鹅

gē
鸽

lú
驴

gǒu
狗

māo
猫

tù
兔

练　习

1. 读写课文。

2. 认读汉字笔画，并注意区分近似笔画。

　　)（弯钩）——猪　　乚（竖弯钩）——跳

　　乀（斜钩）——鹅　　乚（卧钩）——想

　　㇆（横折钩）——跑　㇄（竖折折钩）——写

niǎo shòu chóng yú
6 鸟、兽、虫、鱼

má què　　yàn zi　　xǐ què　　wū yā
麻雀　　　燕子　　　喜鹊　　　乌鸦

xiàng　　bān　　lǎo hǔ　　xióng
大象　　斑马　　老虎　　熊猫

cāng ying　　wén　　hú dié　　qīng tíng
苍蝇　　　蚊子　　蝴蝶　　蜻蜓

jì   lǐ   cǎo   lián

鲫鱼　　鲤鱼　　草鱼　　鲢鱼

bǎo hù yì　　　　　　yǔ　　hé xié　zhǎn
保 护 益 虫 益 鸟，人 与 自 然 和 谐 发 展。

练 习

1. 读写课文。

2. 认读、比较下列汉字笔画：

乙（横折弯钩）——九　　乚（横折提）——谐

乛（横折折撇）——蜓　　乛（横撇弯钩）——阳

乚（竖弯）　　——西

3. 学习汉字笔顺规则。

从上到下：羊——丶丷䒑兰羊

从左到右：人——丿人

30

yòng pǐn

7 日 用 品

shuā	gāo	máo jīn
牙 刷	牙 膏	毛 巾

shū	gāng	yī jià
梳 子	口 缸	衣 架

féi zào	jìng	tǎn
肥 皂	镜 子	毛 毯

zhěn tào　　　chuáng　　　mián bèi
枕　套　　　床　单　　　棉　被

练　习

1. 读写课文。

2. 学习汉字笔顺规则。

从内到外：送——丶亠辶辷辷送送

从外到内：用——丿冂月月用

3. 指出下列汉字笔画名称。

牙　巾　梳　品

diàn qì
8 家 用 电 器

fàn bāo
电 饭 煲

kǎo xiāng
电 烤 箱

yùn dǒu
电 熨 斗

shàn
电 风 扇

xǐ jī
洗 衣 机

bīng
电 冰 箱

shì
电 视 机

yǐng dié
影 碟 机

shōu lù
收 录 机

yàng   hǎo shǐ   yǎngjiǎngfāng fǎ
家用电器 样 样 好，使 用保 养 讲 方 法。

练 习

1. 读写课文。
2. 学习汉字笔顺规则。

先中间后两边：水——亅 亅 亅 水

先外后内再封口：日——门 门 月 日

3. 抄写下列汉字，并指出其笔顺规则。

十 八 笑 猫 送 用 水 日

yuè
9 乐 器

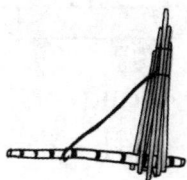
lú shēng
芦 笙

dí
笛 子

suǒ nà
唢 呐

qín
口 琴

hú
二 胡

xián
三 弦

tóng luó
铜 锣

gǔ
象 脚 鼓

电 子 琴

                         xiǎo tí   gāng

手 风 琴   小 提 琴   钢 琴

练 习

1. 读写课文。

2. 按照笔顺写出下列各字，并说出笔画名称和笔顺规则：

    例：月——　　丿　刀　月　月

    笔画名称：　撇　横折钩　横　横

    笔顺规则：从外到内

    壹　叁　例　陆　玖　拾

jiāo tōng gōng jù

10 交 通 工 具

qì chē
汽 车

火 车

fēi
飞 机

lún chuán
轮 船

tuō lā
拖 拉 机

xíng
自 行 车

mó tuō
摩 托 车

tuī
手 推 车

guī zé yào zūn shǒu ān quán   láo   jì
交 通 规 则 要 遵 守, 安 全 第 一 要 牢 记。

练　习

1. 读写、听写课文生字。
2. 认读、比较汉字笔画。

　　　　乚（横折弯）——船　　　乃（横折折弯钩）——奶

3. 从课文中找出符合"从左到右"笔顺规则的字。

shēng chǎn
11 生 产 工 具

chú tou
锄 头

fǔ
斧 头

kǎn dāo
砍 刀

lí huá
犁 铧

tiě qiāo
铁 锹

lián
镰 刀

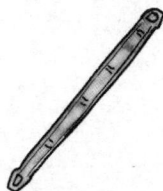

biǎn dan
扁 担

fèn jī
粪 箕

luó kuāng
箩 筐

练 习

1. 读写、听写课文生字。

2. 根据下列笔画名称先写出相应笔画，再写出含有所列笔画的汉字各一个：

横折弯（　　　）＿＿＿　　横折折弯钩（　　　　）＿＿＿

识字写字（三）：汉字偏旁部首

　　偏旁是组成合体字的基本单位。独体字本身是一个整体，一般没有偏旁。在字典、词典中，常把相同的偏旁放在一起，归为一部，这个相同的偏旁就叫部首。如拉、托、推、打等字的偏旁"扌"就是部首。独体字没有偏旁，但都有部首，一般为该字的第一笔，如白、大、口、子等的部首分别是："丿"、"一"、"丨"、"乛"。下表列出了50个汉字偏旁部首。

汉字偏旁部首表

部首	名称	例　字	部首	名称	例　字
亻	单人旁	你做他	日	日字旁	明时晴
彳	双人旁	得待街	曰	曰字头	昌量早
冫	两点水	冷冻决	宀	宝盖头	宝家字
氵	三点水	江河海	冖	秃宝盖	军写冤
礻	示字旁	社祖礼	穴	穴宝盖	穷空究
衤	衣字旁	初被袖	木	木字旁	林树杨
艹	草字头	草苗苦	禾	禾字旁	和种季
竹	竹字头	等简笛	阝	耳朵旁	阳阴邓

口	口字旁	叫唱啊	辶	走之底	进边过
囗	大口框	国团困	廴	建之底	建廷延
厂	厂字头	压原厅	扌	提土旁	场地坏
广	广字头	庆席度	王	斜王旁	珍环班
扌	提手旁	提打找	雨	雨字头	雪雷霜
犭	反犬旁	狼狗猪	石	石头旁	砍碍确
牛	牛字旁	牧牲物	女	女字旁	姐妹妈
讠	言字旁	讲话说	钅	金字旁	钱铁钢
虫	虫字旁	蚊蝇虾	火	火字旁	烧炸炮
𧾷	提足旁	跟路踢	刂	立刀旁	到割副
忄	竖心旁	惊快怕	饣	饮食旁	饮饭饺
皿	皿(mǐ)字底	盐篮盒	马	马字旁	驰驶驮
灬	四点底	热照杰	鸟	鸟字旁	鸡鸭鹅
纟	绞丝旁	级纹红	攵	反文旁	放教政
米	米字旁	粒粮精	心	心字底	态怎忠
耒	耒(lěi)字旁	耕耘耙	力	力字旁	动勤加
月	月字旁	胜肚肥	疒	病字头	病疾痛

　　汉字偏旁部首对于学习、书写掌握汉字，区别汉字的字形、字音，理解汉字的意思，以及查字典都有重要作用。要学习和掌握好汉字的偏旁部首。

chú fáng
12 厨 房 用 具

qián
火　钳

cài
菜　刀

guō　chǎn
锅　铲

piáo
水　瓢

chá　hú
茶　壶

zhēn　bǎn
砧　板

tǒng
水　桶

铁　锅

zhú　kuài
竹　筷

shāo　　　zhēng　lóng　　　　lán
筲　箕　　蒸　笼　　　提　篮

练　习

1. 读写、听写课文生字。

2. 抄写下列各字，并指出其笔顺规则：

桶　锅　茶　笼

3. 结合例字，认读下列偏旁部首，再各举出两个例字，写在相应横线上。

木（木字旁）桶____　____

钅（金字旁）锅____　____

艹（草字头）茶____　____

𥫗（竹字头）笼____　____

guǒ
13 水 果

píng
苹 果

jú
桔 子

xiāng jiāo
香 蕉

pú táo
葡 萄

yīng táo
樱 桃

máng
芒 果

bō luó
菠 萝

xī guā
西 瓜

pí pá
枇 杷

níng méng
柠　檬

yòu
柚　子

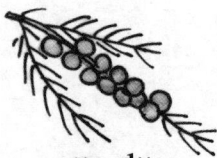

gǎn lǎn
橄　榄

bǎo zhū lí
宝　珠　梨

mì
水　蜜　桃

mí hóu
猕　猴　桃

练　习

1. 读写、听写课文生字。

2. 认读、比较下列偏旁部首：

　　宀（宝盖头）——宝　　冖（秃宝盖）——写

　　穴（穴宝盖）——穷

3. 从本课中找出六个含"艹"的汉字。

liáng shí wù
14 粮 食 作 物

dào gǔ　　　mài　　yù mǐ
稻 谷　　 小 麦　 玉 米

liáng　　cán dòu　huáng
高 粱　　 蚕 豆　 黄 豆

lǜ　　　 wān　　hóng shǔ
绿 豆　　 豌 豆　 红 薯

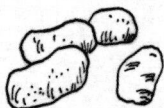  

yáng yù   qiáo

洋 芋   荞 麦   小 米

练 习

1. 读写、听写课文生字。

2. 结合例字，认读、比较偏旁部首，并各找出一个字，写在相应的括号里。

氵(三点水)——洋(   ) 扌(提手旁)——提(   )

冫(两点水)——冰(   ) 犭(反犬旁)——猴(   )

禾(禾字旁)——稻(   ) 米(米字旁)——粮(   )

3. 指出第 2 题中例字的笔画名称和笔顺规则。

15 方位时间 货币计量单位
jiān huò bì jì liáng

qián hòu zuǒ yòu shàng zhōng xià
前 后 左 右 上 中 下

dōng nán běi nián
东 西 南 北 年 月 日

zhàng mǔ chǐ cùn miǎo
丈 亩 尺 寸 时 分 秒

dūn kè jīn liǎng yuán jiǎo
吨 克 斤 两 元 角 分

gōng lǐ miàn jí píng
公 里 面 积 平 方 米

duō shǎo yì wàn qiān
大 小 多 少 亿 万 千

练 习

1. 听写本课生字。

2. 认读、比较偏旁部首。

日（日字旁）——时　　口（口字旁）——吨
日（日字头）——早　　口（大口框）——国
月（月字旁）——肥

3. 写出下列字的偏旁部首名称：

例：派（三点水）

铁（　　　　　）　　板（　　　　　　　）

粮（　　　　　）　　稻（　　　　　　　）

zhí　yè
16 职　业

nóng mín　jiào shī　xué sheng
工 人　农 民　教 师　学 生
yī　　lǜ　　jǐng chá kuài
医 生　律 师　警 察　会 计

jià shǐ yuán　jiě fàng jūn　shòu　　　kē
驾 驶 员　解 放 军　售 货 员 科 学 家

bǎi　　　háng　　　chū zhuàng
三 百 六 十 行，行 行 出 状 元。

练 习

1. 听写课文中的职业名称。

2. 认读偏旁部首，并各举出一个例子，写在相应的括号里。

纟(绞丝旁)——绿(　　　)　　　攵(反文旁)——教(　　　)
马(马字旁)——驾(　　　)　　　鸟(鸟字旁)——鸡(　　　)

3. 分别给下列字加上适当的偏旁，组成一个新字。

　　　气 (　　)　　　屯 (　　)　　　寸 (　　)
　　　方 (　　)　　　斗 (　　)　　　录 (　　)

tuán

17 团 体、单 位

dǎng zhī
党 支 部

fù lián
妇 联

gòngqīng
共 青 团

cūn wěi huì
村 委 会

bàn shì chù
办 事 处

pài
派 出 所

yóu zhèng
邮 政 所

jìng   yuàn
敬 老 院

wèi
卫 生 院

zhàn   lín
农 科 站   林 业 站

兽 医 站

xìn   shè   wén huà
信 用 社   文 化 站

xiāng   fǔ
乡 政 府

zǔ   fǎ
村 民 小 祖   法 院

xiào
学 校

练 习

1. 听写课文中的团体、单位名称。

2. 认读、比较偏旁部首:

亻（单人旁）——保　　忄（竖心旁）——情
彳（双人旁）——行　　讠（言字旁）——读

礻（示字旁）——祖　　辶（走之底）——送
衤（衣字旁）——被　　廴（建之底）——建

广（广字头）——麻
厂（厂字头）——压
疒（病字头）——痛

qīn shǔ
18 亲 属

yé ye	nǎi nai	bà ba	mā ma
爷 爷	奶 奶	爸 爸	妈 妈

gū fu	mǔ	yuè	
姑 父	姑 母	岳 父	岳 母

jiù		yí	
舅 父	舅 母	姨 父	姨 母

shū shu	shěnshen	gē ge	jiě jie
叔 叔	婶 婶	哥 哥	姐 姐

ér	nǚ	dì di	mèi mei
儿 子	女 儿	弟 弟	妹 妹

练 习

1. 听写课文中的亲属名称。

2. 结合例字认读偏旁部首，并各举出一个例子写在相应的括号里：

土（提土旁）——地（　　　）　　王（斜王旁）——玖（　　　）

饣（饮食旁）——饭（　　　）　　心（心字底）——想（　　　）

女（女字旁）——奶（　　　）

xìng shì
19 姓 氏

lǐ	wáng	zhāng	liú	chén	yáng	zhào	
李	王	张	刘	陈	杨	赵	黄

zhōu	wú	xú	sūn		zhū		
周	吴	徐	孙	胡	朱	高	林

hé	guō		luó		sòng	zhèng	xiè
何	郭	马	罗	梁	宋	郑	谢

hán	táng	féng	yú	dǒng	xiāo	chéng	cáo
韩	唐	冯	于	董	肖	程	曹

yuán	dèng	xǔ	fù	shěn	zēng	péng	lǚ
袁	邓	许	傅	沈	曾	彭	吕

pǔ	pán	mù	chē	nà
普	盘	木	车	纳

练 习

1. 读写、听写课文生字。
2. 从课文中找出含有下列偏旁的字。

亻　口　讠　氵　冫　艹　禾

3. 结合例字认读偏旁部首，并再各举出一个例子，写在相应的横线上：

阝（耳朵旁）　　　足（提足旁）　　　虫（虫字旁）
郭　　　　　　　　跳　　　　　　　　蚊

石（石字旁）　　　力（力字旁）　　　刂（立刀旁）
砧　　　　　　　　动　　　　　　　　刘

识字写字（四）：汉字间架结构

汉字由笔画或笔画与部首构成，各部分之间都有一定的合理组合比例和分布格式。汉字的组合比例和分布格式就叫汉字间架结构。汉字间架结构主要有8种，如下表所示。

汉字间架结构表

结构方式	字例及书写						
独体	上	中	下	人	口	手	大
上下	雪	杰	早	宙	苗	军	全
左右	叫	林	社	灯	虾	打	场
上中下	器	算	量	篮	爱	蜜	意
左中右	湖	街	猴	蚓	树	班	辫

半包围	进	建	床	厅	司	风	闭
全包围	国	团	困	圆	园	围	囚
品字结构	品	森	晶	众	磊	鑫	焱

写字时要运用汉字间架结构的知识，做到摆布合理，上下左右协调匀称，横平竖直，笔笔认真。这样才能书写出美观、大方的汉字。

shū

20 蔬　菜

jiǔ　　　　　　　　　　　　　　　　　qín
韭 菜　　　白 菜　　　菠 菜　　芹 菜

jué　　　　bò he　　　　　cōng yán suī
蕨 菜　　　薄 荷　　　洋 葱　　芫 荽

fān qié　　　　bo　　là jiāo wō sǔn
番 茄　　　萝 卜　　辣 椒　　莴 笋

kǔ gua　　　　　　　　　　sī
苦 瓜　　　南 瓜　　黄 瓜　　丝 瓜

　　　hé　　chūn mó gu
百 合　　香 椿　　蘑 菇　　芋 头

lián ǒu　tóng hāo jiāng　　　yún
莲 藕　　茼 蒿　　豇 豆　　白 芸 豆

　　hài
无 公 害 蔬 菜

练　习

1. 读写课文生字，听写五种以上蔬菜名称。

2. 认读偏旁部首。

火（火字旁）——烤   雨（雨字头）——雪

皿（皿字底）——盐   灬（四点底）——熊

3. 指出下列汉字分别属于哪种结构。

卜　刀　菠　芹　辣　婶

独体字＿＿＿＿＿　＿＿＿＿＿

上下结构字＿＿＿＿＿　＿＿＿＿＿

左右结构字＿＿＿＿＿　＿＿＿＿＿

tiáo liào
21 调 料

	yán		táng	wèi	jīng	jiè	mo
食	盐	白	糖	味	精	芥	末

jiàng yóu   cù   jiǔ
酱 油   麻 油   陈 醋   料 酒

huā
胡 椒   草 果   八 角   花 椒

huí   jiāng   suàn
茴 香   小 葱   生 姜   大 蒜

练 习

1. 读写、听写课文生字。

2. 认读偏旁部首。

牜（牛字旁）——物   耒（耒字旁）——耙

3. 指出下列属于上中下、左中右结构的汉字：

葱 薯 莴 锹 锄 椒

上中下结构字＿＿＿＿＿ ＿＿＿＿＿ ＿＿＿＿＿

左中右结构字＿＿＿＿＿ ＿＿＿＿＿ ＿＿＿＿＿

jīng jì
22 经济作物

yān		yè	gān zhè	xiàng jiāo
烤 烟	茶	叶	甘 蔗	橡 胶

		zhī		bì
花 生	芝	麻	油 菜	蓖 麻

hé		lì	sāng	
核 桃	板	栗	蚕 桑	棉 花

fēi		huì	bí qí	kuí
咖 啡	芦	荟	荸 荠	葵 花

yīn   dì   zhì   yí   tuì   gēng   huán
因　地　制　宜，退　耕　还　林；

zhì   yōu   jià   zhǎo   zhǔn   shì   chǎng
质　优　价　好，找　准　市　场。

练 习

1. 读写课文生字。

2. 写出自己熟悉的十种以上经济作物名称。

3. 指出下列汉字的间架结构，并写在相应横线上。

　用　风　因　团　品　森

半包围结构字：_____　_____
全包围结构字：
品字结构字：_____　_____

识字写字（五）：同音字、多音字

汉字是音、形、义相统一的记录语言的符号。大多数汉字只有一个读音，但也有一些特殊情况。

（一）有些不同形状和意义的汉字发音相同，这样的字叫同音字。如经、京、睛、精等字均发 jīng。

（二）有些汉字则有多个读音，这样的字叫多音字。如"重"字可发 zhòng 或 chóng，"中"字可发 zhōng 或 zhòng，"折"字可发 zhé 或 shé。在学习汉字时，要结合词语仔细区别汉字的读音，读准、用准汉字。

shù
23 树 木

ró ng　　　sō ng　　　shā n　　　wú tó ng
榕 树　　松 树　　杉 树　　梧 桐 树

yú　　　　　　　　liǔ　　　zō ng lú
榆 树　　杨 树　　柳 树　　棕 榈 树

lì　　　bǎi　　　ā n　　　dō ng
栎 树　　柏 树　　桉 树　　冬 青 树

zhā ng　　huái　　　qī　　　　liàn
樟 树　　槐 树　　漆 树　　苦 楝 树

huà　　　nán　　　fěi　　　yóu
桦 树　　楠 木　　榧 木　　柚 木 树

zhí　　　zào　　　　　　　zǔ guó
植 树 造 林，绿 化 祖 国。

　　　　jié qì hòu　　　chí
调 节 气 候，保 持 水 土。

练 习

1. 读写课文生字。

2. 写出五种以上树木名称。

3. 读写、比较下列同音字。

tóng____tóng   yóu____yóu   qīng____qīng
桐   铜   柚   油   青   蜻

lí____lí   yáng____yáng   shēng____shēng
梨   犁   羊   洋   生   笙

yào cái

24 中药材

	bèi			bàn xià
三 七	贝 母	天 麻	半 夏	

dù zhòng　　　gěng　shā rén　dāng guī
杜 仲　桔 梗　砂 仁　当 归

dǎn　líng zhī　shè　　gé jiè
熊 胆　灵 芝　麝 香　蛤 蚧

虫 草　甘 草　木 香

xuè jié　　　qín　dān pí
血 竭　黄 芩　丹 皮

luó xuán zǎo　dēng tái　　pú　yīng
螺 旋 藻 灯 台 叶　蒲 公 英

yún　　　　　　lèi duō
云 南 中 药 种 类 多,

　　　　zhī　guàn quán qiú
药 材 之 乡 冠 全 球。

练 习

1. 读写课文生字。

2. 听写五种以上中药材名称。

3. 读写下列同音字。

jīng	jīng		hé	hé		zì	zì
经	精		和	荷		字	自
shù	shù		yù	yù		hú	hú
树	数		玉	芋		胡	壶

4. 比较下列多音字的读音。

中(zhōng)国——打中(zhòng)

银行(háng)——行(xíng)走

奇(jī)数——奇(qí)怪

和(hé)平——和(huò)面

yě　　　　jūn
25 野生食用菌

zōng　　　　róng　　　　sūn
鸡　枞　　松　茸　　竹　荪　　木　耳
　　gān　　　　　　dǔ
牛　肝　菌　　羊　肚　菌　　青　头　菌
gān bā
干　巴　菌　　虎　掌　菌　　猴　头　菌
　　　　　　　　lǎ ba
鸡　油　菌　　喇　叭　菌　　北　风　菌

香　菇

野　生　食　用　菌，
　　　zhí　dǐ　　　jīn
价　值　抵　黄　金。
gǔ chēng hūn　　zhēn
古　称　荤　八　珍，
yíng　　　　　dào xiān
营　养　味　道　鲜。

· 69 ·

练习

1. 读写课文生字。

2. 听写五种以上食用菌名称。

3. 读写下列同音字。

yī yī yī	yú yú yú	zhū zhū zhū
一 衣 医	榆 鱼 于	朱 猪 珠

jī jī jī	jì jì jì	shí shí shí
鸡 箕 机	计 济 鲫	食 时 石

4. 比较下列加点字的读音。

爱好（hào）——好（hǎo）像

柚（yòu）子——柚（yóu）木

识字写字六：形声字、形近字

（一）形声字是形旁表意、声旁表音的汉字。大部分汉字都是形声字。形声字主要有以下几种类型：

1. 左形右声：钢、汽、结、珠、粮等；
2. 左声右形：期、歌、致、战、故等；
3. 上形下声：露、简、萝、苹、薄等；
4. 上声下形：烈、姿、架、想、忘等；
5. 内形外声：闻、问、辩、辨、辫等；
6. 外形内声：园、圆、阔、病、葱等。

掌握形声字知识，可加快汉字的学习速度，但阅读时要慎重，并非所有汉字都照声旁的发音来读。如"歼"字读 jiān 不读 qiān、"瞠"字读 chēng 不读 táng、"袖"字读 xiù 不读"yóu"等。

（二）形近字是字形相近的字。如：

刀——刃 大——太 爪——瓜 早——旱 侯——候 耍——要等。许多汉字形状相似，但多一笔或少一笔就可能写成错别字。学习汉字时一定要注意区别形近字。

26 农 活

kāi gōu　　　　qú　　　　jǐng　xiū bà táng
开 沟　　挖 渠　　打 井　　修 坝 塘

gǎi　　　　zào tián　zhěng　　　　yāng
改 土　　造 田　　整 地　　做 秧 田

guàn　　　　bō zhǒng　yù miáo　shī
灌 水　　播 种　　育 苗　　施 化 肥

bá　　　　zāi　　　　　　　　bāo
拔 秧　　栽 秧　　锄 草　　种 包 谷

sòng　　　　zhuī　　　　zhī　sǎ
送 粪　　追 肥　　修 枝　　撒 农 药

shōu　　　　shài　　　　zhāi
收 麦　　晒 谷　　摘 果

　　　　　　　　chuàng
科 学　　种 田　　创　　高 产。

　　　　gēng　xì　duó　fēng
精 耕　　细 作 夺　　丰　收。

练 习

1. 读写课文生字。

2. 听写五种以上农活名称。

3. 指出下列字的间架结构，并写在相应横线上。

药　育　秧　肥　高　做　田

上下结构：＿＿＿　＿＿＿　　左右结构：＿＿＿　＿＿＿

上中下结构：＿＿＿＿＿　　　左中右结构：＿＿＿＿＿

全包围结构：＿＿＿＿＿

4. 读写下列形声字。

左形右声：沟　秧　枝　塘　柠　桔

左声右形：故　鹅　鸦　放　邮　郊

5. 读一读，比一比，写一写。

大——丈　　干——千　　工——土　　人——八

水——火　　田——甲　　左——右　　找——我

27 农 药

dí	wèi	fū	nán	dān	jiǎ	àn	lín
敌	敌畏	呋	喃丹		甲	胺	磷

lái	fú	líng	xīn	liú		kàng	yá	wēi
来	福	灵	锌	硫	磷	抗	蚜	威

	wēn	jìng	dài	sēn	xīn		bù	jīn
稻	瘟	净	代	森	锌	托	布	津

			huán	zuò			kū	níng
多	菌	灵	三	环	唑	叶	枯	宁

pū			dīng					lìn
扑	草	净	丁	草	胺	草	甘	膦

chú	mí	shā		mǐ		hé	zhuàng
除	草	醚	杀	虫	脒	禾	大	壮

练 习

1. 读写课文生字，抄写五种以上农药名称。
2. 读一读，比一比，写一写，分清每组字中右边的字比左边的字多了什么偏旁或笔画。

白——百　　马——妈　　目——自　　木——禾
气——汽　　青——清　　人——大　　西——晒
衣——依　　因——烟

3. 读写下列形声字。

　　上形下声：苍　箱　芦　笙　箕　箩
　　上声下形：想　架　煲　犁　警　驾

zhuāng jia bìng hài
28 庄 稼 病 虫 害

        wén

稻 瘟 病　　纹 枯 病　　麻 斑 病

hēi suì　　　chì méi　　　tiáo xiù

黑 穗 病　　赤 霉 病　　条 锈 病

tàn jū　　　lì　　　　　　　shī

炭 疽 病　　立 枯 病　　稻 飞 虱

  bāo　　　　zhī zhū

稻 苞 虫　　麦 蜘 蛛　　麦 蚜 虫

líng　　　　　　　é

棉 铃 虫　　小 菜 蛾　　菜 青 虫

yān zhi　　táo zhù míng　　fěn dié

胭 脂 虫　　桃 蛀 螟　　菜 粉 蝶

练 习

1. 读写课文生字。

2. 读一读，比一比，写一写，指出每组字相同的部分。

    郭——邓　鸡——鸽　洋——样　妈——奶

    杉——杨　梨——犁　葡——萄　壹——壶

3. 读写下列形声字。

内形外声：闻　问　辩　辨

外形内声：葡　葱　园　圈　阔

29 二十四节气

chūn	yǔ	jīngzhé	
立 春	雨 水	惊 蛰	春 分
qīng míng			mǎn
清 明	谷 雨	立 夏	小 满
	zhì	shǔ	
芒 种	夏 至	小 暑	大 暑
qiū	chǔ	lù	
立 秋	处 暑	白 露	秋 分
hán	shuāng jiàng	dōng	xuě
寒 露	霜 降	立 冬	小 雪
大 雪	冬 至	小 寒	大 寒

练 习

1. 读写课文生字。
2. 默写十个以上节气名称。
3. 读一读，比一比，写一写。

八——叭　白——百　大——打　敌——弟

机——鸡　　菌——军　　梨——犁　　马——妈
毛——猫　　妹——麦　　明——民　　青——清
拖——托　　洗——西　　羊——洋

4. 指出下列形声字的类型。

露_____　　霜_____　　销_____　　胶_____
愁_____　　资_____　　故_____　　鸦_____

zú
30 民　族

hàn　yí　　　huí　yáo　zàng　nù
汉　彝　白　回　瑶　藏　怒

　　　　　wǎ　dǎi
水　满　佤　傣　壮　苗

lì　sù　　　hù　hā　ní　　nà
傈　僳　拉　祜　哈　尼　纳　西

jǐng　pō　　lǎng　　　yī　　ā　chāng
景　颇　布　朗　布　依　阿　昌

pǔ　　　　jī　nuò　dé　áng　měng　gǔ
普　米　基　诺　德　昂　蒙　古

dú　lóng
独　龙

　　　gè
　各　族　人　民　是　一　家，

　　　　jié　hù　zhù　xīng　　huá
　团　结　互　助　兴　中　华。

练 习

1. 读写课文生字。

2. 默写十个以上民族名称。

3. 先反复读每组字，然后联字成词。

中——华　　民——族　　团——结　　互——助
振——兴

4. 按要求各写出三个汉字。

左形右声＿＿　＿＿　＿＿

上形下声＿＿　＿＿　＿＿

左声右形＿＿　＿＿　＿＿

上声下形＿＿　＿＿　＿＿

怎 样 查 字 典

（部首查字法和音序查字法）

字典是学习文化知识的工具。在读书阅报时，碰到不认识的字，就需要通过字典查出它的读音和意思。查字典的方法很多，这里只介绍常见的部首查字法和音序查字法。

一、部首查字法

部首查字法是利用汉字偏旁部首进行查字的一种方法。采用部首查字法，必须知道要查的字的部首及其画数，以及除了部首外还有几画。例如："叫"是"口"部，三画，除了部首外是二画；"暗"是"日"部，四画，除了部首外是九画等。查字的方法是：先在"部首目录"中按所查字的部首笔画数查到这个部首，再根据这个部首右边注明的页数和所查字除部首外的笔画数，在"检字表"中查到这个字的所在页码，然后翻到这个页数就能查到。例如：

"们"字，部首"亻"是二画，即在"部首目录"中"二画"栏内查出"亻"，按"亻"右边注明的页数知道"亻"部在"检字表"的 21 页（以《新华字典》[1998 年修订本]为例），从"检字表"21 页开始看，由于"们"字除部首外的"门"为三画，即在"亻"部下的"三画"栏中查"们"字，翻到"们"字右边注明的"正文"的页数"336 页"，即可查到"们"字。

没有明显偏旁部首的字，可在"难检字笔画索引"中查找。例如"丈"、"九"、"也"等字。

二、音序查字法

音序查字法是利用汉语拼音字母顺序进行查字的一种方法。采用这种方法，必须先知道所查字音节的第一个字母。比如，我们要查"脚"字，音节"jiǎo"的第一个字母是j，再从"汉语拼音音节索引里找到"j"，然后在"j"的下面找到"jiao"，根据"jiao"后面的页码就后找到"脚"字了。

又比如，"我们"的"们"，音节是"men"，第一个字母是"m"，在字典（1998 年《新华字典》修订本）的第11 页找到"m"；在"m"下面找到音节"men"；"men"后面的页码是336 页，就可以查到"们"字了。

常用标点符号的用法

标点符号是在书面语言中用来表示间歇、语调、停顿的符号。标点符号在书面语言中必不可少，缺乏标点符号、用错标点符号都有可能使阅读困难，甚至改变句子的意思。

标点符号包括点号和标号两种类型。点号用于表示句子的停顿和语气，如句号、逗号、顿号、问号、感情号等。标号用于表示句子中引用、注释、省略、着重、书名等内容，如引号、括号、省略号、破折号、连接号、书名号、间隔号、着重号。下面介绍常用标点符号的用法。

常用标点符号用法简表

名　称	符　号	用法说明
句号	。	表示一句话完了之后的停顿。
逗号	，	表示一句话中间的停顿。
顿号	、	表示句中并列的词或词组之间的停顿。
分号	；	表示一句话中并列分句之间的停顿。
冒号	：	用以提示下文。
问号	？	用在问句之后。

名 称	符 号	用 法 说 明
感情号	！	表示强烈的感情。
引号	" " ' ' 『 』	1. 表示引用的部分。
		2. 表示特定的称谓或需要着重指出的部分。
		3. 表示讽刺或否定的意思。
括号	（ ）	表示文中注释的部分。
省略号	……	表示文中省略的部分。
破折号	——	1. 表示底下是解释、说明的部分，有括号的作用。
		2. 表示意思的递进。
		3. 表示意思的转折。
连接号	—	1. 表示时间、地点、数目等的起止。
		2. 表示相关的人或事的联系。
书名号	《 》 〈 〉	表示书籍、文件、报刊、文章等的名称。

名　称	符　号	用　法　说　明
间隔号	·	1. 表示月份和日期之间的分界。
		2. 表示有些民族人名中的音界。
着重号	.	表示文中需要强调的部分。

三、基本语文

（一）讲国情、省情

教学提示

　1. 要求学员熟读每课课文，读写生字，学习组词。

　2. 通过课文的学习，对学员进行爱国主义教育，提高学员的思想政治素质。

　3. 结合课文内容，进一步学习查字典的方法和常用标点符号的用法。

　4. 本单元的教学重点是字的学习，难点是组词。

　5. 指导学员完成课后练习。

第一课　我们的祖国——中国

　　中国是一个伟大的国家。她历史悠久，有5000多年的文明史。她地域广大，有960万平方公里的国土面积。她是一个统一的多民族国家，有56个民族、12亿多人口。她东西相距5000公里，南北相距5500公里，她的地势西高东低，喜马拉雅山上的珠穆朗玛峰是世界上最高的山峰，海拔8848.13米。她河流纵横，在世界最长的十大河流之中含

有长江、黄河、黑龙江，这些江河浇灌着祖
国大地，孕育了中华文明。

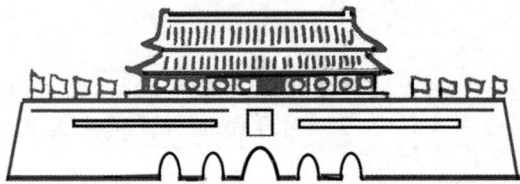

qíng	shěng	kè	wǒ	men	de	gè	wěi
情	省	课	我	们	的	个	伟
tā	lì	shǐ	yōu	jiǔ	yù	guǎng	tǒng
她	历	史	悠	久	域	广	统
xiāng	jù	shì	dī	xǐ	yǎ	mù	mǎ
相	距	势	低	喜	雅	穆	玛
fēng	shì	jiè	zuì	liú	zòng	héng	hán
峰	世	界	最	流	纵	横	含
zhè	xiē	jiāo	zhe	yùn	le		
这	些	浇	着	孕	了		

练 习

1. 读写课文生字。

2. 用下面的字组词。

例：悠（悠久）

势（　　　　）　　统（　　　　　）　　喜（　　　　　　）

低（　　　　）　　最（　　　　　）　　流（　　　　　　）

江（　　　　）　　浇（　　　　　）

3. 认识下列标点符号，并掌握其用法。

　　〔，〕逗号像个小蝌蚪，句子停顿它才有。

　　〔。〕句号像个小圆圈，表示句子说完全。

4. 在字典中查出下列各字。

　　域　　族　　拔　　浇　　祖　　雅

5. 填空：

我国的国土面积有_____万平方公里，我国有_____个民族。_____是世界上最高的山峰。世界上最长的十大河流之中，有三条在中国，这三条河流是_____、_____、_____。

学词用词（一）：名词、动词、形容词

    词是语句的基本单位，本书只介绍最常用的名词、动词等九种词的基础知识。

    名词：表示人或事物名称的词。如牛、树、汽车、雷锋、农村等。

    动词：表示人或事物的动作、行为变化、心理活动等的词。如跳、跑、飞、帮助、提供、想、收割等。

    形容词：表示人或事物的形状、性质，或动作、行为、发展变化的状态的词。如高、大、冷、甜、快、慢等。

第二课　我们的家乡——云南

　　我们的家乡是云南，地处祖国西南边疆，国土面积 39.4 万平方公里，其中山区面积占 94%，与广西、贵州、四川、西藏四省（区）为邻，与缅甸、老挝、越南三国接壤，是一个高原山区省份。

　　云南民族众多，4000 人以上的世居民族共有 26 个，其中 15 个少数民族是云南特有的，有 16 个少数民族跨境而居。各族人民和睦相处，亲如兄弟，共同建设着美好的家园。

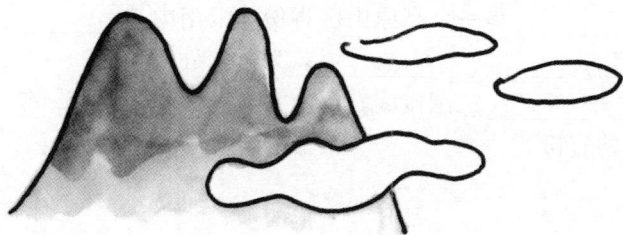

biān	jiāng	qí	zhàn	guì	zhōu	chuān	lín
边	疆	其	占	贵	州	川	邻

miǎn	diàn	wō	yuè	jiē	rǎng	yuán	fèn
缅	甸	挝	越	接	壤	原	份

zhòng	jū	kuà	jìng	ér	mù	rú	xiōng
众	居	跨	境	而	睦	如	兄

tóng	měi	yuán
同	美	园

练 习

1. 读写课文生字。

2. 用下面的字组词。

边（　　　　）　份（　　　　）　众（　　　　　）

如（　　　　）　美（　　　　）　同（　　　　　）

3. 填空。

云南的国土面积有_____万平方公里，山区面积占_____，是一个高原山区省份。云南内与_____、_____、_____、_____、为邻，外与_____、_____、_____三国接壤。云南共有_____个民族，是个多民族的省份。

第三课　彩云之南——一个神奇美丽的地方

云南是一个神奇美丽的地方，古时就有"彩云之南"的称呼，享誉中外的"香格里拉"就在这里。云南山多、水多、湖泊多。主要的山脉有乌蒙山、高黎贡山、哀牢山等；大的江河有独龙江、怒江、澜沧江、金沙江、元江、南盘江等；著名的湖泊有滇池、洱海、抚仙湖、杞麓湖、泸沽湖等。

云南地处亚热带，地形地貌复杂，气候类型多样，是动物、植物的王国。云南的花卉资源十分丰富，其中，山茶花、杜鹃花、木兰花、报春花、百合花、兰花、龙胆花、绿绒蒿，号称"八大名花"。

---

cǎi	shén	qí	lì	jiù	hū	xiǎng	yù
彩	神	奇	丽	就	呼	享	誉

wài	gé	pō	mài	méng	lí	gòng	āi
外	格	泊	脉	蒙	黎	贡	哀

děng	lán	cāng	shā	pán	zhù	míng	diān
等	澜	沧	沙	盘	著	名	滇

chí	ěr	fǔ	xiān	qǐ	lù	lú	gū
池	洱	抚	仙	杞	麓	泸	沽

yà	rè	xíng	mào	zá	xíng	huì	zī
亚	热	形	貌	杂	型	卉	资

yuán	juān	lán	bào	róng	hào
源	鹃	兰	报	绒	号

练 习

1. 读写课文生字。

2. 用下面的字组词。

奇（　　　　） 就（　　　　） 格（　　　　）

沙（　　　　） 名（　　　　） 仙（　　　　）

热（　　　　） 择（　　　　）

3. 认识下列标点符号，对照例子学习理解，并掌握其用法。

〔" "〕（引号）两个蝌蚪上下窜，引文、说话放里边。

〔?〕问号耳朵加一点，疑问、发问就用它。

例：你知道"香格里拉"在什么地方吗？它就在云南的迪庆州。

4. 说出云南的主要山脉、江河、湖泊和"八大名花"的名称。

学词用词（二）：同义词 近义词 反义词

同义词指意义相同的词。如：大夫——医生 莲花——荷花 玉米——包谷 洋芋——土豆 奶奶——祖母等。

近义词指意思相近的词。如：强壮——健壮 顽强——坚强 行——走 害羞——羞怯等。

反义词指意义相反或相对的词。如：前——后 左——右 上——下 高——低 安全——危险 销售——采购 白昼——黑夜等。

学习词语时要区分辨别这些不同类型的词。

第四课　云南特产多

云南特产真稀奇，听我随便提一提。
要说高级风味菜，首选云南汽锅鸡。
过桥米线在蒙自，砂锅鱼头到大理。
石屏豆腐最有名，丽江粑粑香又甜。
腾冲饵块"大救驾"，下关喝杯"三道茶"。
竹荪松茸干巴菌，营养丰富味道美。
"云南白药"称"仙丹"，名贵三七在文山。
漾濞核桃弥渡蒜，元谋蔬菜斗南花。
妥甸酱油禄丰醋，宣威火腿普洱茶。
玉溪卷烟名气大，"红塔山"下"阿诗玛"。
广南八宝有"贡米"，呈贡盛产"宝珠梨"。
云南特产实在多，今天暂告一段落。

píng	bā	téng	chōng	jiù	yàng	bì	mí	dù
屏	粑	腾	冲	救	漾	濞	弥	渡

móu	dǒu	tuǒ	lù	xī	juǎn	tǎ	shī	zàn
谋	斗	妥	禄	溪	卷	塔	诗	暂

练 习

1. 读写课文生字。

2. 找出课文中的名词。

　例：丽江、粑粑

3. 你所在地区有哪些土特产？如何种植、加工、开发利用？

学词用词（三）：数词、量词、代词

数词：表示数目和次序的词。如十、百、千、第一、第二等。

量词：表示人、事物，或动作、行为的单位的词。如个、位、双、串、尺、亩、元、次等。

代词：代替名称、动词、形容词、数词、量词的词。如我、你、他、谁、什么、这里、那么等。

（二）讲　文　明

1. 要求学员熟读每课课文，读写生字，学习造句。

2. 结合课文，联系实际，对学员进行文明礼貌教育，培养做文明公民的自觉性。

3. 本单元的教学重点是字、词的理解和运用，难点是造句。

4. 指导学员完成课后练习。

第五课　公民法律常识

学法知法又守法，城市乡村要普法。
我国法律有多种，根本大法是宪法。
依法服役是义务，大家要学兵役法。
要使子孙多识字，学习义务教育法。
经济关系有纠纷，执行经济合同法。
合同成立须履行，一方变更要处罚。
婚姻家庭是大事，严格执行婚姻法。
定罪量刑依刑法，触犯法律必惩罚。
法律面前人平等，安定团结有办法。

cháng	shí	zhī	shǒu	chéng	gēn	xiàn	fú
常	识	知	守	城	根	宪	服
yì	bīng	guān	xì	jiū	fēn	zhí	xū
役	兵	关	系	纠	纷	执	须
lǚ	gēng	fá	hūn	yīn	tíng	zuì	xíng
履	更	罚	婚	姻	庭	罪	刑
chù	fàn	bì	chéng				
触	犯	必	惩				

练 习

1. 读写课文生字。

2. 用下面的字组词。

法（　　　）　知（　　　）　刑（　　　）

关（　　　）　纠（　　　）　役（　　　）

结（　　　）　根（　　　）

3. 背诵公民基本道德规范：

爱国守法，明礼诚信，团结友善，勤俭自强，敬业奉献。

第六课 文明礼貌 "十注意"

一、穿衣要整洁大方，注意梳洗，讲究仪表美。

二、不随地吐痰，不乱丢脏物、杂物或纸屑。公共场所不吸烟，不大喊大叫。

三、在大街上，要走人行道。横过马路要注意来往车辆，要走人行横道线。

四、参加文体活动，要遵守秩序。

五、不要乱折花木、损坏公物。

六、乘车要主动给老、弱、病、残和孕妇让座。

七、找人要先敲门，等主人同意再进去，不要随便往里闯。

八、谈话要有礼貌，要尊重他人，注意语言美，不说脏话。

九、与他人发生矛盾时，不要发脾气。如果是自己不对，要向对方表示歉意，说"对不起"。如果对方向自己道歉时，应说"没关系"。接受别人的帮助，要说"谢谢"。

十、骑自行车，开车，要自觉遵守交通规则。

---

lǐ	mào	jiū	tǔ	tán	diū	zāng	zhǐ
礼	貌	究	吐	痰	丢	脏	纸
xiè	hǎn	jiào	jiē	liàng	zhé	chéng	zuò
屑	喊	叫	街	辆	折	乘	座
chuǎng	yǔ	yán	máo	dùn	pí	shì	qiàn
闯	语	言	矛	盾	脾	示	歉
bāng	qí						
帮	骑						

练 习

1. 读写课文生字。

2. 造句。

例：发芽——春天到了，小树发芽了。

参加——

同意——

整洁——

接受——

3. 选词填空。

遵守　　尊重　　尊严　　尊敬

①＿＿＿＿＿＿老人是一种美德。

②参加公共活动，要＿＿＿＿＿纪律和秩序。

③只有＿＿＿＿＿他人，别人才会＿＿＿＿＿我们。

④不论何时何地，都要维护祖国的＿＿＿＿＿。

4. 认真学习课文，谈谈在日常生活中怎样讲文明礼貌。

第七课 教子十忌

一忌娇，娇子不能成好苗。
二忌惯，养成恶习难改变。
三忌溺，爱之过分会生癖。
四忌护，有错袒护易失足。
五忌松，松懒学习不用功。
六忌纵，挥霍浪费钱乱用。
七忌哄，哄得孩子理不懂。
八忌吓，胆怯懦弱遇事怕。
九忌蛮，蛮不讲理瞎胡闹。
十忌打，打得孩子说假话。

---

jì	jiāo	è	nì	pì	cuò	tǎn	lǎn
忌	娇	恶	溺	癖	错	袒	懒

huò	làng	fèi	hǒng	xià	qiè	nuò	yù
霍	浪	费	哄	吓	怯	懦	遇

pà	mán	xiā	nào
怕	蛮	瞎	闹

练 习

1. 读写课文生字。

2. 写出下列各字的反义字。

恶—   爱—   懒—   分—

3. 说说下面几个词语的意思并造句。

袒护

浪费

胆怯

蛮不讲理

4. 认真阅读课文，谈谈如何教育好孩子。

第八课　箩筐的故事

　　从前，有一个老爷爷，他的双眼看不清东西，双腿不能走路，双手也不听使唤，吃饭要靠别人往他嘴里喂。儿子和儿媳早已厌烦了，认为这样赡养着是个累赘，两人一商量，打算用箩筐把他抬到后面山崖上去扔掉。这件事被他们的孩子知道了。一天，当夫妇二人正在整理工具，准备实施这个计划时，孩子一本正经地对他们说："记住把箩筐带回来，千万别一起扔了。等爸爸妈妈老了时，我好用它来装你们。"

　　听了孩子的话，夫妇俩大吃一惊，他们彼此看着哭了起来，羞愧万分。从此以后，他们便不再虐待老爷爷了。

gù	huàn	kào	xí	yàn	fán	léi	zhuì
故	唤	靠	媳	厌	烦	累	赘
tái	yá	rēng	diào	fū	liǎ	bǐ	xiū
抬	崖	扔	掉	夫	俩	彼	羞
kuì
愧

练 习

1. 读写课文生字。

2. 用下面的字各组两个词语：

故（　　　　　）（　　　　　）

唤（　　　　　）（　　　　　）

厌（　　　　　）（　　　　　）

扔（　　　　　）（　　　　　）

3. 造句。

打算——

扔掉——

整理——

实施——

4. 改正下面句子中的错误。

听了王小三的话，村里的小伙子们都汾汾跟他起打工，但后未才知道上了当。

5. 读了这个故事，你有何感想？

第九课　怎样处理好婆媳
之间的关系

　　一般来说，当婆婆的最怕儿子娶了媳妇忘了娘，精神没有寄托，老了没有依靠；还怕媳妇不能持家，家业不能兴旺；更怕媳妇厉害，儿子受罪，自己受气。相反地说，做媳妇的对婆婆也存有戒心。一怕婆婆好挑剔、找岔子，做得再好也说不好；二怕婆婆在丈夫面前说长道短，无事生非，挑拨离间，影响夫妻感情；三怕婆婆偏心，处理问题不公，对男方的亲戚朋友笑脸相迎，出手大方，对女方的亲戚朋友脸色难看，斤斤计较；四怕婆婆抓"大"放"小"，经济权抓住不放，家务事全部推给自己。

　　以上顾虑带来的相互戒备，互不信任的心理，使婆媳关系非常紧张，很难相处，矛盾冲突在所难免。

　　怎样才能处理好婆媳之间的关系呢？一是要婆婆心胸宽阔，明白事理，媳妇要性格开朗，气量大，消除猜疑，宽以待人。二是将心比心，以心换心，婆婆慈爱，把媳妇当成女儿待；媳妇贤慧，把婆婆当亲娘孝敬。三是妥善解决矛盾，一旦发生分歧，力求和平解决，切忌争吵。四是求同存异，遇到问题，各抒己见，不同意见可以保留，不要把自己的观点强加给对方，有点看不惯的事，顺其自然。这样可以使不同爱好、兴趣、习惯的两代人和睦相处，安然无事。

zěn	pó	qǔ	jì	cún	tiāo	chà	tiǎo
怎	婆	娶	寄	存	挑	岔	挑

piān	péng	yǒu	liǎn	yíng	gù	lǜ	tū
偏	朋	友	脸	迎	顾	虑	突

xiōng	cāi	yí	cí	xián	huì	xiào	dàn
胸	猜	疑	慈	贤	慧	孝	旦

qí	chǎo	shū	qiáng	hào	qù
歧	吵	抒	强	好	趣

练 习

1. 读写课文生字。

2. 用下面的字各组两个词语。

婆（　　　　）（　　　　　）

寄（　　　　）（　　　　　）

顾（　　　　）（　　　　　）

慧（　　　　）（　　　　　）

3. 用下面的成语造句。

说长道短

各抒己见

和睦相处

求同存异

4. 谈谈如何才能处理好婆媳关系。

学词用词（四）：造　句

　　句子是语言的使用单位，由词或词组按一定规则组合而成，表达一个相对完整的意思。造句就是用词组成句子。如：

　　学习——我们要努力学习。

　　热爱——谁不爱自己的家乡？

　　如果……就……——如果下雨，我们就不走了。

　　一边……一边……——他一边吃饭，一边看书。

（三）讲卫生、生活常识

1. 要求学员熟读每课课文，读写生字，继续学习造句。

2. 联系实际讲解课文内容，让学员了解卫生、生活常识，掌握生活技能，提高生活质量。

3. 本单元的教学重点是字、词的理解和运用；难点是词和句的训练。

4. 指导学员完成课后练习。

第十课　卫生保健歌

人人都要讲卫生，病从口入须小心。
烂果生水莫入口，头脚衣衫要勤洗。
睡前早起刷牙好，饭前便后手洗净。
贪吃贪睡招病魔，暴饮暴食易伤身。
笑口常开可延年，忧愁度日百病生。
发现有病早治疗，莫等病重才求诊。
勤劳活泼有精神，懒惰颓靡催人老。

---

shān	tān	mó	bào	yán	yōu	liáo	duò
衫	贪	魔	暴	延	忧	疗	惰

mí
靡

练　习

1. 读写课文生字。

2. 说说下列词语的意思并造句。

　　病魔

　　勤劳

　　懒惰

　　暴饮暴食

3. 用下面的字组词，看谁组得多。

　　贪（　　　　）（　　　　　）（　　　　　）……

　　忧（　　　　）（　　　　　）（　　　　　）……

4. 谈谈怎样养成良好的卫生习惯。

第十一课 食疗歌

瓜果菜豆都是宝，消除疾病少不了。
萝卜消食开脾胃，韭菜补肾有特效。
芹菜常吃降血压，莲藕性寒解酒好。
番茄补血能美容，除湿祛风数胡椒。
绿豆消毒又去火，贫血胃虚吃红枣。
大蒜杀菌能止泻，葱白姜汤治感冒。
花生能降胆固醇，西瓜消肿又利尿。
乌梅生津驱蛔虫，核桃补脑壮肾腰。
生梨止咳能润肺，山楂减肥积食消。
山药能医糖尿病，理气化痰桔子妙。
海带消瘿通脑栓，木耳抗癌有高招。
鱼虾能把乳汁补，动物肝脏明目好。
蜂蜜润燥又益寿，禽蛋益智营养高。

jí	liǎo	shèn	chī	qū	shǔ	xū	zǎo
疾	了	肾	吃	祛	数	虚	枣

xiè	tāng	mào	chún	zhǒng	méi	jīn	huí
泻	汤	冒	醇	肿	梅	津	蛔

nǎo	ké	fèi	zhā	miào	yǐng	shuān	ái
脑	咳	肺	楂	妙	瘿	栓	癌

zhāo	xiā	zhī	zàng	fēng	zào	shòu	zhì
招	虾	汁	脏	蜂	燥	寿	智

练 习

1. 读写课文生字。

2. 用下面的字组词并造句。

例：消（取消）——他被取消了考试资格。

养（　　　　）——

美（　　　　）——

湿（　　　　）——

妙（　　　　）——

3. 说说你常吃的食品及其食疗作用。

第十二课　饮食卫生四注意

一是要生熟食分开。生食品可能带有各种病菌、病毒、寄生虫卵，如果生熟混放，熟食品就会被污染而使人生病。菜刀切熟食品时，要洗净擦干。盛生食品的碗盘，应洗净过后再装熟食品。

二是吃多少，做多少，不留剩饭菜。万一剩下的饭菜，要放在凉爽通风的地方，夏天最好加防蝇罩。剩饭菜没变质时，一定要充分加热后再食用。已经变味的，不能再吃，否则可能引起食物中毒。

三是不喝生水，生吃瓜果蔬菜一定要洗净。

四是提倡分餐，每人一份饭菜，最好不共食同一盘子里的菜，以免传染疾病。

wǎn	fǒu	zhòng	hē	cān
碗	否	中	喝	餐

练 习

1. 读写课文生字。

2. 用下面的形声字组词并造句。

唱（　　　　）　凉（　　　　　）

纷（　　　　）　放（　　　　　）

倡（　　　　）　谅（　　　　　）

份（　　　　）　仿（　　　　　）

3. 选词填空，使句子通顺。

不但……而且……　　　　如果……就……

一边……一边……　　　　虽然……但是……

（1）他＿＿＿＿＿没有生病，＿＿＿＿很健康。

（2）＿＿＿＿不认真学习，＿＿＿＿不会有好成绩。

（3）他＿＿＿＿走，＿＿＿＿看书。

（4）＿＿＿＿到了冬天，＿＿＿＿还不下雪。

4. 谈谈怎样讲究家庭饮食卫生。

第十三课　急救常识

当我们遇到有人触电、溺水、农药和煤气中毒及刀伤、骨折、出血等严重情况时，必须立刻就地抢救，然后转送到附近医院。最常用而又简便的急救方法有如下几种：

1. 人工呼吸法：病人仰卧，救护人左手托起病人下颌，使头部向后仰，口张开，右手捏紧病人的鼻孔，救护人深呼吸后贴紧病人的嘴吹气，吹完后把鼻孔放开换气，每分钟均匀地吹十六到十八次，直到呼吸恢复正常才可停止。

2. 止血法：喷射状出血时，用手指或手掌压迫伤口近心端动脉，使血管闭合止血，亦可用止血带作近心

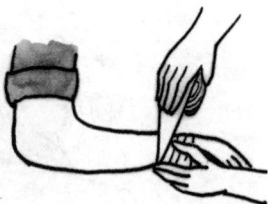

端结扎。涌状或渗血样出血时用"加压包扎止血法"，即先将敷料盖在伤口上，再用纱布、棉花、毛巾紧紧包扎。

　　3. 骨折急救法：先止血、后包扎、再固定，若无标准夹板，可用木板、木棍、竹枝等物代替。对骨折伤员的搬运，要求动作轻巧，迅速准确，避免不必要的震动。

jí	méi	gǔ	kè	fù	jìn	jiǎn	wò
急	煤	骨	刻	附	近	简	卧

hé	kǒng	tiē	zhōng	bì	yì	zhā	yǒng
颌	孔	贴	钟	闭	亦	扎	涌

shèn	fū	shā	ruò	jiā	gùn	tì	bān
渗	敷	纱	若	夹	棍	替	搬

yào	qiǎo	bì	zhèn
要	巧	避	震

练 习

　　1. 读写课文生字。

　　2. 用下面的形近字组词并造句。

　　　抑（　　　）——　　　抢（　　　）——

仰（　　　　）——　　　苍（　　　　）——

提（　　　　）——　　　折（　　　　）——
题（　　　　）——　　　拆（　　　　）——

3. 改正下面句子中的错误。

持殊的区位，使云南成为中国大陆联接东南亚、南亚的乔粱，成为中原文化、藏文化、东南亚文化、西方文化的交会点。

4. 熟读课文，了解几种常用的急救方法和操作要领。

第十四课　外出打工常识

外出打工要根据家庭及个人的具体情况而定，切忌盲目外出。如果本人身体健康，有一定的文化技术，可选择外出打工。如果是文盲，或体弱多病，年龄偏大，则不宜外出打工。

打工前应做好各项准备工作。带上必要的行李、生活用品、车旅费、生活费，还要带上身份证、毕业证或证明身份、学识、技术专长及有关情况的证件；去特区或边境地区打工还应在区、县公安局办理边境通行证。

打工者要与用人单位签订劳动合同，明确双方的权利和义务。主要内容应有合同期限、工作内容、劳保和劳动条件、劳动纪律、工资报酬、终止条件、违约责任等。劳动合同必须在合法、平等、自愿的前提下签订，条件允许的话还应当进行公证。合同一旦签定，就具有法律约束力。

máng	lǔ	bì	zhuān	xiàn	jú	zhě	qiān
盲	旅	毕	专	县	局	者	签

chóu	zhōng
酬	终

练 习

1. 读写课文生字。

2. 用下面的形近字组词并造句。

健（　　　）——　　　　择（　　　）——

建（　　　）——　　　　泽（　　　）——

盲（　　　）——　　　　偏（　　　）——

育（　　　）——　　　　编（　　　）——

3. 选词填空，使句子通顺。

既要……又要……　　　　既是……也是……

不论……都……　　　　　尽管……还是……

（1）_____他生病了，但他_____来了。

（2）他_____犁地，_____打柴，实在很忙。

（3）他_____是我的老师，_____我的朋友。

（4）_____你是谁，_____必须遵守纪律。

　4. 外出打工应做些什么准备？签订劳动合同应包含哪些内容？

篇章学习：怎样写应用文

应用文是日常生活中应用非常广泛的一种文体。农村常用的应用文种类主要有便条（请假条、留言条）、单据（领条、收条等）、启事（寻物启事、招领启事等）、书信、申请书、合同、自荐书等。学写应用文时要注意：（1）要遵循应用文的写作格式。应用文一般都有固定的格式，尽可能按格式规范写作。（2）要遵循通俗易懂的原则。应用文写作不需要太多的修饰，要简洁、明了，把情况说清楚。（3）要实用、真实。应用文写作要注意其实用性，要解决实际问题，同时也要保证所写内容的真实性，切不可虚言夸张、以假当真。

初写应用文，要善于模仿学习，把握好上面所讲的写作要求。

四、应用文写作

教学提示

    1. 讲解"歌诀",对照例文讲清楚每一种应用文的用途、写作要求、基本格式和内容。

    2. 本单元的重点是了解几种应用文的基本格式;难点是正确写作应用文。

    3. 指导学员练习写作应用文。

(一)便条(请假条、留言条)

请假留言,写个便条。
顶格称呼,后加冒号。
另起一行,书写正文,
落下姓名,写明日期,
字迹清楚,简明扼要。

请　假　条

刘老师：

　　我因生病，今晚不能到夜校听课，请准假。

请假人：李朝芳
年　　月　　日

留　言　条

小李子：

　　我今晚有事外出，不能跟你去看电影了，真对不起！明晚八点左右，我到你家找你，望等候。

张小丽
年　　月　　日

yìng	jià	è	cháo	wàng
应	假	扼	朝	望

练 习

1. 王芳今天家里有事，不能参加村里修公路，请你代她向村长写个假条。

2. 李兵今天找他的朋友王强，但王强不在，他想让王强回家后去找他。请你帮李兵写一张留言条。

（二）单据（领条、收条、借条、
欠条、售条、发票）

单据又叫凭条，百姓叫它字据。

收、领别人货款，写个收条、领条。

借、欠他人钱、物，立下借条、欠条。

卖给他人东西，开张售条（发票）。

钱、物数量大写，句子简短明了。

落款签名盖章，日期不要忘掉。

内容若有涂改，勿忘加盖印章。

收　　条

　　今收到李跃明交来荒山承包款壹仟伍佰元整（1500.00元）。

李家村村委会（公章）

经手人：高明华

年　　月　　日

领　　条

今领到太平乡成技校发给的《识字课本》壹本。

太平乡大古力村　　李　平

年　　月　　日

欠　　条

今欠太平乡供销社化肥款叁佰贰拾伍元整（325.00元），定于 4 月 10 日以前还清。

太平乡大古力村　李　平

年　　月　　日

借　　条

　　今借到李华同志《新华字典》壹本，一个月后交还。

李　平
年　　月　　日

售　　条

　　今售给李家村村委会黑山羊壹只，售价贰佰肆拾元整（240.00 元）。

上营房村　刘　丽
年　　月　　日

云南省工商业销售统一发票

第二联　发票

53992764362050

客户名称：营盘小学

品　　名	规格	单位	数量	单价	金　　额							
					十万	千	百	十	元	角	分	
粉笔		盒	100	1.20			1	2	0	0	0	
笔记本		本	18	2.00				3	6	0	0	
合计金额（大写）		×拾×万×仟壹佰伍拾陆元零角零分　　¥:156.00										

收款单位
（盖章有效）

收款：张凤花　　开票：张凤花

年　　月　　日

---

qiàn	piào	kuǎn	zhāng	yuè	huāng	qiān	bǎi
欠	票	款	章	跃	荒	仟	佰

diǎn	kè	hù	bǐ	é	hé	fèng
典	客	户	笔	额	盒	凤

练 习

　　请你根据以下内容替李红分别写出相应的单据：

1. 2003 年 3 月 8 日领到周永祥的工程款 800 元。

· 130 ·

2. 2003 年 3 月 10 日收到新庄村委会发给的扶贫水泥 3
包。

3. 2003 年 3 月 15 日向新庄成技校借了 3 本科技书。

4. 2003 年 3 月 20 日卖给新庄成技校沙石 5 车，合计
150 元。

5. 2003 年 4 月 1 日欠新庄成技校伙食费 20 元。

（三）启事（ 寻物启事、招领启事、搬迁启事 ）

买卖搬迁，寻物寻人，
捡到东西，欲还主人，
张贴启事，告示与人。
首先标明，启事名称，
正文简短，写清要求，
告明特征，字迹认真，
姓名日期，务必写明。

寻物启事

本人不慎在村子里丢失钥匙一串，其中有一把指甲剪。哪一位同志捡到，请交还给我，定当面致谢。

永安乡平地村　周丽芳
年　　月　　日

招领启事

　　我在本村村口拾到钱包一个，内有现金和证件。望失主前来认领。

永保镇荷花村　张玉萍

年　　月　　日

搬迁启事

　　因业务需要，本公司现已搬迁到本市新市街 38 号（东新影剧院旁），特请客户注意。联系电话：3121229

金华药业有限公司

年　　月　　日

---

qǐ	qiān	jiǎn	tiē	shèn	yào	shi	zhèn
启	迁	捡	贴	慎	钥	匙	镇

píng	sī	qià
萍	司	洽

练　习

1. 2003 年 4 月 15 日，刘应龙在车站丢失一个钱包，内有身份证及现金。请你替他写一个启事，贴在车站门口。

2. 2003 年 4 月 18 日，你村口站拾到一个提包，内有身份证及衣物。请你写一个启事贴出去，让失主到你家认领。

3. 2003 年 4 月 20 日，你开的"便民小吃店"已搬迁到新修好的公路边。请你写一张启事贴在原来的店门口，以便顾客光临你的新店。

（四）书　信

亲朋好友常写信，书信往来表深情。
首先顶格写称呼，另起一行写正文。
一事一段写清楚，结尾应该表祝愿。
署名之后写日期，填好信封贴邮票。

秀明姐：

　　你好！你好久没有回老家了，一定不知道家乡的变化吧？告诉你，近两年来，我们家乡的变化真是太大了！村里盖了许多新房，许多城里人用的东西我们也有了，吃穿就更不用愁了。有时间，你一定回来看看，好吗？

　　对了，还要告诉你一件事：我现在参加了村里的扫盲班，不仅学会了许多字，而且还学到了一些知识和技术。

　　最近天气变化快，你要保重身体。

　　祝你
工作顺利，万事如意！

　　　　　　　　　　　　　　妹：秀　兰
　　　　　　　　　　　　　年　月　日

附：信封

```
┌─────────────────────────────────────────────┬──────┐
│                                              │贴  邮│
│  ⑥⑤⓪⓪⓪⓪（收信人邮政编码）               ├──────┤
│                                              │票  处│
│（收信人地址单位）  昆明市滇池卷烟厂第五车间  └──────┘
│                                                     │
│（收信人姓名）      李 秀 明  收                      │
│                                                     │
│（寄信人地址单位）  楚雄州双柏县旧庄乡小古屯村        │
│                                                     │
│              （寄信人邮政编码）⑥⑥⑤⓪⓪⓪          │
└─────────────────────────────────────────────────────┘
```

zhù	shǔ	nǐ	sǎo	bān	biān	mǎ	zhǐ
祝	署	你	扫	班	编	码	址

tún
屯

练 习

请给你的扫盲教师写一封信，感谢他（她）教你识字、学文化，并表明你对学文化的决心和信心。然后填写一个信封，并将这封信寄给你的老师。

（五）申请书

要向上级提要求，最好写份申请书。

申(shēn)请单位要顶格，另(lìng)起一行写正文。

写清事情和理由，表明态度和要求。

申 请 书

平田乡人民政府：

　　根据有关文件规定，我有资格参加这次乡政府划定的几片荒山责任承包，承包后我一定按规定进行改造经营。特向乡政府申请，望给予批准为盼(pàn)。

申请人：小团山村村民　张小妹

年　　月　　日

练 习

请你向本地乡政府写一份申请宅基地使用的申请书。

（六）合 同

甲乙合办某事，双方达成协议；
订立一个合同，作为执行凭证。
先写合同名称，再写双方单位；
写清正文内容，条款一一分明。
规定双方义务，明确责任权利；
重要数目大写，涂改加盖印章。
双方签名盖章，各持一份保存。

合　同

甲方：太平乡王家庄　刘一平

乙方：太平乡建筑队

　　乙方为甲方新建一幢楼房，经双方协商，订立本合同。

　　一、甲方应按照乙方提供的设计图纸（附件1）和双方议定的材料标准（附件2）进行施工建造。

　　二、全部建造费（包工包料）为人民币壹拾叁万元整。

　　三、甲方在订立合同之日起一个月内必须付给乙方60%（即柒万捌仟元）的建筑工料费；其余40%的款项在房子建成验收后的一个月内一次性全部付清。

　　四、甲方应在2003年6月30日以前开始施工，9月30日以前交付使用。如果不能按期交工（因特殊原因除外），乙方应按每天壹佰元的标准补偿甲方误工费。

　　五、本合同一式两份，双方各执一份为据。

太平乡王家庄　刘一平（盖章）

太平乡建筑队　　　　（公章）

代表：　刘　江（盖章）

年　月　日

mǒu	yì	tú	yǐ	zhuàng	fù	wù
某	议	涂	乙	幢	付	误

练 习

2003 年 4 月 19 日，沧江县黄龙乡小河口村刘家文到昆明湘云食品有限公司打工。按规定，双方应签订劳动合同。根据双方协商，达成以下协议：

一、刘家文到公司试用 3 个月，试用期月工资 300 元，包吃住。试用期满后根据工作表现确定是否正式录用，若被录用工资每月 450 元。

二、刘家文必须遵守公司的各项规章制度，否则将按公司有关规定进行处理。

三、公司负责办理刘家文在公司工作期间人身安全保险。

四、如果没有正当理由，刘家文不得擅自辞职，公司也不得开除刘家文。

请你根据以上内容，草拟一份劳动合同。

（七）自荐书

外出打工，谋事求职；
自我推荐，书写成文。
介绍姓名、性别、年龄，
家住何处，是何学历，
有何特长，有何愿望，
有关证明，复印附上。

自 荐 书

　　我叫刘万春，女，今年40岁，家住大地基乡刘家冲一社，初小文化，身体健康，吃苦耐劳，饭菜做得好。如果能让我做炊事员，我一定会尽心尽力，按要求完成任务。望能录用！

　　（附：身份证复印件一份）

自荐人：刘万春
年　　月　　日

jiàn	jiè	shào	yìn	nài	jìn
荐	介	绍	印	耐	尽

练 习

请你根据自己的情况写一份自荐书。

五、简单计算（suàn）与记账

教学提示：

1. 根据"歌诀"提示，讲解例题和课后练习，使学员掌握基本的数学常识，以及简单的加、减、乘、除等运算方法。

2. 在完成课后练习的基础上，可以设计增加一定的课堂、课外练习，使学员更加巩固所学知识。

3. 课文中一律使用法定计量单位，在教学中应结合当地习惯进行讲解。

4. 在完成简单计算教学后，应教会学员使用计算器。

（一）数　位

确定数从右到左，读数计数从左到右。
数字若是含有"0"，连续的"0"读一个，
间隔的"0"分级读，末尾的"0"不用读。

附：**数位表**

亿位	千万位	百万位	十万位	万位	千位	百位	十位	个位	读　法
								5	五
							1	8	十八
						3	0	1	三百零一
					4	2	0	0	四千二百
				5	0	3	0	5	五万零三百零五
			8	9	0	0	3	0	八十九万零三十
	1	0	0	4	5	0	0	8	一千零四万五千零八
1	0	0	2	0	0	0	8	0	一亿零二十万零八十

练　习

1. 读出下列各数，并确定其最高数位。

　　例：409 读作：四百零九，百位

　　7　50　401　7239　70030

2. 用阿拉伯数字写出下列各数。

　　七十六　一百零九　五百九十　九千零一
　　二万零五百　三万六千

3. 指出下列各数中加点数字的数位。

　　例：418（十位数）

　　321　978　1345　53280　44250

・144・

（二）加　法

两数或几数相加，相同数位要对齐。
先从个位相加起，满十就向前进一。

例1　　18　＋　3　＝　21
　　　　　┊　　┊　┊　┊　┊
　　　　　加　加　加　等　和
　　　　　数　号　数　号

　　　　读作：十八加三等于二十一

　　　　竖式：加号…　　　18　…　加数
　　　　　　　　　　＋　　 3　…　加数
　　　　　　　　　　────────
　　　　　　　　　　　21　…　和

计算时，把相同数位的数字对齐相加，和写在横线下。

例2　　19 + 3004 = 3023
　　　　　　　　　19
　　　　　　　＋ 3004
　　　　　　───────
　　　　　　　 3023

　　　　个位满十向十位进一

例3　　150 + 68 + 1999 = 2217

$$\begin{array}{r} 150 \\ +68 \\ \hline 218 \\ +1999 \\ \hline 2217 \end{array}$$

十位满十向百位进一……

例4　仓（cāng）库（kù）里有大米 140 公斤，玉米 80 公斤。仓库里共有粮食多少公斤？

$$140 + 80 = 220（公斤）$$

$$\begin{array}{r} 140 \\ +80 \\ \hline 220 \end{array}$$

答：仓库里共有粮食 220 公斤。

练　习

1. 计算下列各题。

$8 + 9 =$　　　　$27 + 12 =$　　　$67 + 121 =$

$321 + 95 =$　　$376 + 847 =$

2. 林玉山家里养了公鸡 15 只，母鸡 120 只。林玉山家里一共养了多少只鸡？

3. 果园里有苹果树 1176 棵，桃树比苹果树多 653 棵。果园里有桃树多少棵？

（三）减　法

被减数减减数，相同数位对齐。

先从个位减起，不够向前借"一"。

（注：借"一"当十）

例1
$$47 \;\; - \;\; 8 \;\; = \;\; 39$$
被减数　减号　减数　等号　差

读作四十七减去八等于三十九

竖式：

$$
\begin{array}{r}
47\cdots 被减数 \\
减号\cdots - \;\; 8\cdots 减数 \\
\hline
39\cdots 差
\end{array}
$$

相同数位对齐，从个位减起，个位不够减、从十位借 1 当 10，10 加个位数再减。7 减 8 不够减，从 4 借 1 当 10，10 + 7 = 17，17 - 8 = 9，4 被借 1 剩 3，差为 39。

例2
$$409 - 400 = 9$$

$$
\begin{array}{r}
409 \\
-400 \\
\hline
9
\end{array}
$$

例 3 $223 - 58 - 79 = 86$

$$\begin{array}{r} 223 \\ - \quad 58 \\ \hline 165 \\ - \quad 79 \\ \hline 86 \end{array}$$

例 4   树上有 28 只鸟, 飞走 15 只, 还剩几只?

$$28 - 15 = 13（只）$$

$$\begin{array}{r} 28 \\ - 15 \\ \hline 13 \end{array}$$

答：还剩 13 只。

练 习

1. 直接写出得数。

   $9 - 1 =$ $16 - 5 =$ $128 - 28 =$ $100 - 53 =$

2. 用竖式计算。

   $28 - 13$ $85 - 56$ $361 - 189 - 101$

   $1230 - 728 - 117$

3. 王玉林家里养鸡 25 只, 其中公鸡 15 只, 其余的是母鸡。王玉林家里有母鸡多少只?

4. 赵玉宝去年收入 4750 元, 今年收入 6200 元。今年比去年多收入多少元?

（四）乘　法

几个相同数连加，简便运（yùn）算用乘法。

相同数叫被乘数，相同个数叫乘数。

被乘数乘以乘数，数位对齐第一步。

利用乘法口诀（jué）表，依次相乘不能少。

例 1　　　$15 + 15 + 15 = 45$

$$15 \times 3 = 45$$

被乘乘等积
乘号数号
数

读作：十五乘以三等于四十五

$$
\begin{array}{r}
15 \cdots 被乘数 \\
乘号 \cdots \times \quad 3 \cdots 乘数 \\
\hline
45 \cdots 积
\end{array}
$$

例 2　　　$42 \times 36 = 1512$

$$
\begin{array}{r}
42 \cdots\cdots 被乘数 \\
\times \quad 36 \cdots\cdots 乘数 \\
\hline
252 \cdots\cdots 乘数个位与被乘数的积 \\
+ 126 \cdots\cdots 乘数十位与被乘数的积 \\
\hline
1512 \cdots\cdots 积
\end{array}
$$

例 3　张会仙去年养猪 12 头，今年养的猪是去年的 4 倍。张会仙今年养猪多少头？

$$12 \times 4 = 48 （头）$$

答：今年养猪 48 头。

例 4　王国强靠养鸡致富。去年卖鸡蛋 1200 公斤，每公斤售价 6 元，一共卖得多少元？

$$1200 \times 6 = 7200 （元）$$

答：一共卖得 7200 元。

练　习

1. 把下面的加法算式改写成乘法算式。

例：$5 + 5 + 5 + 5 + 5 + 5 = 5 \times 6$

① $4 + 4 + 4 + 4 + 4 + 4 + 4$

② $8 + 8 + 8 + 8 + 8$

③ $9 + 9 + 9 + 9 + 9 + 9$

2. 直接写出得数。

$2 \times 3 =$　　　$8 \times 9 =$　　　$15 \times 4 =$　　　$25 \times 2 =$

$50 \times 7 =$　　　$239 \times 2 =$　　　$503 \times 5 =$

3. 用竖式计算。

22×11　　　26×24　　　72×78

68×62　　　55×55　　　79×21

4. 李兵卖了 80 公斤大米，每公斤售价 2 元，一共卖了多少元？

5. 李阳家里养鸡 50 只，王兵家里养的鸡是李阳家里的 3 倍。王兵家里养鸡多少只？

6. 熟记以下数的关系。

一十得十　　（ $1 \times 10 = 10$ ）

十十为百　　（ $10 \times 10 = 100$ ）

百十为千　　（ $100 \times 10 = 1000$ ）

千十为万　　（ $1000 \times 10 = 10000$ ）

……　　　　　……

7. 背诵、熟记乘法口诀表。

九九乘法口诀表

一一得一 1×1=1								
一二得二 1×2=2	二二得四 2×2=4							
一三得三 1×3=3	二三得六 2×3=6	三三得九 3×3=9						
一四得四 1×4=4	二四得八 2×4=8	三四十二 3×4=12	四四十六 4×4=16					
一五得五 1×5=5	二五一十 2×5=10	三五十五 3×5=15	四五二十 4×5=20	五五二十五 5×5=25				
一六得六 1×6=6	二六十二 2×6=12	三六十八 3×6=18	四六二十四 4×6=24	五六三十 5×6=30	六六三十六 6×6=36			
一七得七 1×7=7	二七十四 2×7=14	三七二十一 3×7=21	四七二十八 4×7=28	五七三十五 5×7=35	六七四十二 6×7=42	七七四十九 7×7=49		
一八得八 1×8=8	二八十六 2×8=16	三八二十四 3×8=24	四八三十二 4×8=32	五八四十 5×8=40	六八四十八 6×8=48	七八五十六 7×8=56	八八六十四 8×8=64	
一九得九 1×9=9	二九十八 2×9=18	三九二十七 3×9=27	四九三十六 4×9=36	五九四十五 5×9=45	六九五十四 6×9=54	七九六十三 7×9=63	八九七十二 8×9=72	九九八十一 9×9=81

（五）除　法

一数分几份，每份要平均；

被除数写在里，除数写在外；

商从高位起，不够再退位；

一一相除尽，结果变为"0"。

例：①72 ÷ 8 ＝9

被除除　商

除号数

数

读作：七十二除以八等于九

```
        9…商
      ——
除数…8 )72…    被除数
       72…    商与除数的积
      ——
       )0…    被除数与商与除数的乘积之差。
              等于 0 则表示刚好除尽。
```

②234 ÷ 2 ＝117

$$
\begin{array}{r}
117 \\
2\overline{)234} \\
\underline{2} \\
3 \\
\underline{2} \\
14 \\
\underline{14} \\
0
\end{array}
$$

③把 24 头猪分别关在 6 个猪圈里，平均每个圈里关几头？

$$24 \div 6 = 4（头）$$

$$
\begin{array}{r}
4 \\
6\overline{)24} \\
\underline{24} \\
0
\end{array}
$$

答：平均每个圈里关 4 头。

④李民富今年种了 5 亩地，共收粮食 2500 公斤，平均每亩产粮多少公斤？

$$2500 \div 5 = 500（公斤）$$

$$
\begin{array}{r}
500 \\
5\overline{\smash{\big)}\,2500} \\
\underline{25} \\
0
\end{array}
$$

答：平均每亩产粮 500 公斤。

练　习

1. 直接写出得数。

$18 \div 3 =$　　$81 \div 9 =$　　$123 \div 3 =$　　$999 \div 9 =$

2. 用竖式计算。

$36 \div 6$　　$63 \div 3$　　$749 \div 7$　　$1096 \div 8$

3. 列式计算。

48 里面有几个 8？

把 64 平均分成 8 份，每份是多少？

4. 李明卖了 9 只小鸡，共收入 18 元。平均每只小鸡卖得多少元？

（六）四则混合运算

加减乘除混合算，先算乘除后加减。

有括号先算括号，递（dì）等运算最方便。

例：① $18 + 14 - 8 \div 2 \times 3$

$= 18 + 14 - 4 \times 3$

$= 18 + 14 - 12$

$= 32 - 12$

$= 20$

② $140 \div （180 - 175） \times 2 + 22$

$= 140 \div 5 \times 2 + 22$

$= 28 \times 2 + 22$

$= 56 + 22$

$= 78$

③张兴才有 20 元钱，买了 5 公斤白菜，每公斤 1 元，又买了 6 公斤洋芋，每公斤 2 元。问张兴才还剩下多少元？

解法一：$20 - 1 \times 5 - 2 \times 6$

$= 20 - 5 - 12$

$= 15 - 12$

$= 3 （元）$

解法二：$20 - （1 \times 5 + 2 \times 6）$

$= 20 - （5 + 12）$

$$= 20 - 17$$
$$= 3（元）$$

答：还剩下 3 元。

练 习：

1. 计算。

$86 - 72 \div 9 + 8$ $\qquad$ $23 \times 2 + 33 \div 3$

$100 - 2 \times 3 \div 6$ $\qquad$ $（28 + 72）\div （50 - 30）- 20$

2. 选择合适的"+、－、×、÷"运算符号，组成下列等式。

① 2　2　2　2　2 = 0 $\qquad$ ② 2　2　2　2　2 = 6

③ 2　2　2　2　2 = 7 $\qquad$ ④ 2　2　2　2　2 = 9

3. 杨明旺靠多种经营致富。去年种烤烟收入 4300 元，养猪收入 3800 元，其它收入 2980 元，合计收入多少元？

4. 杨明旺去年收入 11080 元，年底买化肥用去 864 元，买农药用去 180 元，买年货用去 650 元。杨明旺去年年底还剩多少元？

5. 杨明旺家的果园里有桃树 18 棵，梨树是桃树的 2 倍，李树是桃树的一半。果园里共有果树多少棵？

（七）小　数

丈量、称重或用钱，小数表示最常见。
若（ruò）要小数相加减，一定对齐小数点。
不要小看小数点，一点之差失千里。

例1　1500 克写成　1 . 5（读作一点五）千克

整小小
数数数
　　点

3 米 5 分米写成 3. 5 米

75 厘米写成 0. 75 米

1 元 5 角写成 1. 5 元

7 角 5 分写成 0. 75 元

例2　18. 46 + 1. 2 = 19. 66

$$
\begin{array}{r}
18.46 \\
+\ \ 1.2 \\
\hline
19.66
\end{array}
$$

例3　173. 28 – 114. 02 = 59. 26

$$
\begin{array}{r}
173.28 \\
-\,114.02 \\
\hline
59.26
\end{array}
$$

例4　1元2角3分加18元2角等于几元?

$$1.23 + 18.2 = 19.43（元）$$

例5　20米加80厘米等几米?

$$20 + 0.8 = 20.8（米）$$

练习

1. 把下面各数改写成小数，并写出其读法。

例：3角4分 = 0.34元，读作：零点三四元。

① 17元5角6分 = （　　　　）元，读作_____。

② 175厘米 = （　　　　）米，读作_____。

③ 1250米 = （　　　　）公里，读作_____。

2. 填空。

例：0.5（扩大10倍）等于5

① 31.5（　　　　　　）等于315

② 0.06（　　　　　　）等于6

③ 191.5（　　　　　　）等于1.915

④ 28（　　　　　　）等于2.8

3. 前进乡去年的小春产量是135.28万公斤，大春产量是196.24万公斤。这个乡全年的粮食产量是多少万公斤?

4. 熟记以下单位换算关系。

1元　=10角	1角　=10分
1丈　=10尺	1尺　=10寸
1米　=10分米	1分米 =10厘米
1米　=100厘米	
1公斤 =10公两	1公斤 =1000克
1公斤 =2市斤	1吨 =1000公斤

（八）百分数（百分比）

百分数即百分比，"%"叫做百分号，表示整体分百份，其中需要占几份。

例：① 100 粒种子种在地里，半个月后长出 85 棵（kē）苗。照这样计算，这种种子的发芽率就是85%（读作：百分之八十五），未发芽率就是15%（读作：百分之十五）。

② 1 千克 25% 的农药溶液表示：有 0.25 千克（250 克）是农药，有 0.75 千克（750 克）是水分。

练习

1. 下面的分数表示图里的阴影部分，对的在后面括号里打"√"，不对的打"×"。

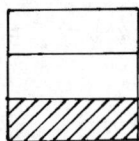 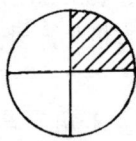 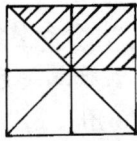 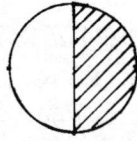

$\dfrac{1}{3}$（   ） $\dfrac{1}{2}$（   ） $\dfrac{3}{8}$（   ） $\dfrac{1}{4}$（   ）

2. 填空。

农村常用的"成数"、商店常用的"折数"均能用百分比来表示。例如，今年粮食比去年增产二成，就是增产

20%的意思，那么，"一成"相当于____%。某商店过季服装打六折，就是按原价的 60% 出售的意思，那么"一折"相当于____%。

3. 把 1 公斤农药兑成 100 公斤的药液，其比例应该是（　　）%的农药比（　　）%的水。

4. 如果 100 公斤谷子碾出 75 公斤米，那么这种谷子的出米率是（　　）%，出糠率是（　　）%。

（九）简单记账

买卖收支(zhī)要记账(zhàng)，心中明白好盘算。
首先列个记账表，如实填写要明了。
收入减支出，剩下是结余(yú)。

简单记账表

姓名：李树全

2000 年		摘　要	收　入						支　出						结　余					
月	日		千	百	十	元	角	分	千	百	十	元	角	分	千	百	十	元	角	分
		上月结存	3	8	4	6	9	0							3	8	4	6	9	0
1	18	卖大米200公斤		4	1	8	5	0							4	2	6	5	4	0
1	25	买洗衣机1台								4	4	5	0	0	3	8	2	0	4	0
2	15	卖黑山羊1只		2	6	7	0	0							4	0	8	7	4	0
2	20	买化肥2包								1	7	9	3	0	3	9	0	8	1	0
3	1	给孩子交书杂费								2	6	5	0	0	3	6	4	3	1	0
		总　计	4	5	3	2	4	0		8	8	9	3	0	3	6	4	3	1	0

练 习

下面是李朝芳家一个月的收入、支出情况。请你帮她分别算清每一笔收入、支出账，并填写在后面的记账表中。

一、上月结余：1500.80 元。

二、本月收入、支出情况：

①3月8日，卖鸡2只，每只20.00元。合计（　　　）元。

②3月15日卖青豆角10公斤，每公斤0.80元。合计（　　　）元。

③3月15日买衣服58.00元。

④3月23日卖白菜20公斤，每公斤0.50元。合计（　　　）元。

三、本月合计收入（　　　）元，支出（　　　）元，结余（　　　）元。

记 账 表

姓名：

2000年		摘要	收　入						支　出						结　余					
月	日		千	百	十	元	角	分	千	百	十	元	角	分	千	百	十	元	角	分

六、阅　　读

（一）妇女生理卫生与保健

妇女是人类的母亲，妇女健康不仅直接关系到孩子的健康和出生人口素质，还直接影响到家庭及整个社会的卫生健康水平。

男女有别，妇女的生理变化一般可以用六期来概括，即月经期、孕前期、妊娠期、分娩及产褥期、哺乳期和更年期。在这六期中，如不加注意保健就很容易患病。为提高妇女的身体素质，这六个时期的保健是十分必要的。

一、月经期。月经是女性周期性子宫出血的生理现象。一般女子在12岁左右开始初潮，到45－50岁停止。怀孕期间和哺乳期间通常没有月经。如果月经长期不来，或没有规律，应及时到医院检查治疗。在经期容易疲劳，肌体抵抗力下降，情绪不稳定，因此，经期内应注意适当休息，避免剧烈的活动，避免用冷水沐浴，禁止性生活，注意个人卫生。

二、孕前期。在结婚前，经过婚前医学检查，对患指定传染病如艾滋病、淋病、梅毒、麻风病等在传染期内或者有关精神病在发病期内的，准备结婚的男女双方应当暂缓结婚。对诊断患医学上认为不宜生育的严重遗传疾病的，应采取长效避孕措施或者施行结扎手术后，才可以结婚。结婚后，要就近向计划生育服务门诊部或相关医务人员寻求咨询，选择安全、方便、有效的避孕方法。并根据情况，决定何时生育及生育第二胎的间隔。据科学统计，25岁—29岁是妇女最适合生育的年龄。准备怀孕时，夫妻双方要身体健康，有病或大病初愈不要怀孕。不能在传染病流行期间怀孕。酒后怀孕或怀孕前在半年内服用过避孕药的，对孩子的发育将有影响，也应尽量避免。夫妻双方在智力、体力、情绪都处于最佳状态时怀孕，才能保证优生优育。

三、妊娠期。俗话说，"十月怀胎"，一个妇女从怀上孩子到孩子的出生，其间要经过280天（40周）左右的漫长过程。在这段时期内，孕妇和胎儿都将发生一系列的生理变化。如果遇到来自孕妇自身内部或者外来的有害因素，都可能使妊娠过程出现各种病理变化，造成孕产妇疾病或胎婴儿异常，如流产、早产、胎儿宫内发育迟缓、死胎与先天性畸形，严重者还可造成孕产妇或胎婴儿死亡。因此，在这一期间，尽量避免生病，一旦生病要去正规医院就诊，千万不能乱用药物。如果因感冒、发热、咳嗽、腹泻等用过某些药物，需到医院在医生指导下决定是否中止妊娠。为保护孕妇的身体健康，保证胎儿的正常发育，必须认真进行产前检查。通过产前检查，可以及早发现疾病，及早预防和治疗，降低分娩的危险性。经产前诊断，胎儿患严重遗传性疾病、有严重缺陷时，应终止妊娠。健康的孕妇可做日常各种工作，但要保证足够的休息和睡眠，饮食上要注意具有多种营养的食物搭配。要禁止吸烟、喝酒，要注意清洁，勤洗澡但禁止盆浴。怀孕12周内及32周后要禁性生活。

四、产褥期。俗称"坐月子"，这一期间要注意以下几点：首先，要保持个人卫生，要保持外阴清洁，避免感染。产妇易出汗，可以适当地洗澡，要勤换内衣。要注意室内通风，禁止性生活。要保证足够的睡眠，还要适当地活动。饮食要营养而且容易吸收。除多吃些肉、蛋、鱼等食品外，还要多吃一些蔬菜。据科学研究，产妇最好多吃莲藕、黄花菜、黄豆芽、海带、莴笋等，有利母子健康。

五、哺乳期。产后产妇用母乳喂养婴儿约十个月为宜，每次哺乳前都应洗净乳头和双手。为使乳汁足够，产妇应保证足够的睡眠，饮食丰富，情绪稳定，心情舒畅。

六、更年期。妇女绝经前数月至三年内一段时间被称为更年期。这一时期一方面由于卵巢功能逐渐衰退，出现月经紊乱现象；另一方面由于内分泌平衡组织受到破坏，出现了植物神经失调的某些症状，即更年期综合症。具体表现为肥胖、关节痛、肌肉痛、骨质疏松等身体症状，以及神经精神症状，乃至心血管运动神经障碍。出现这一系列症状时，须到医院就诊。更年期妇女要保持平时的生活节奏，要戒烟禁酒，合理用药。一日三餐定时，饮食以清淡为宜，低脂、低糖、低热、低盐。此外，适当运动、心理平衡、充足睡眠、个人卫生等，都是更年期的保健要诀。更年期及进入老年后，也要注意妇科疾病。人的三分之一的时间是在绝经后度过，是妇科三大恶性肿瘤（子宫颈癌、子宫内膜癌、卵巢癌）的多发期。一方面要做好卫生保健，另一方面，要注意定期作妇科检查。

除了孕、产期外，育龄妇女要认真做好科学的避孕，人工流产只能是作为偶然发生的意外妊娠的补救措施。在避孕的问题上，如果能动员配偶参与，可以明显减少避孕失败率，最大限度地保护女性的健康。比如男用避孕套，既安全又有效；生育后不再想要孩子的女性可以建议爱人去做绝育手术，因为男性绝育手术不像女性绝育手术那样对身体影响较大。

只有作一个健康的女人，才会是一个幸福的女人。注意生理、心理卫生，合理安排膳食，保证生殖健康，避免滥用药品、吸毒、吸烟、酗酒，提倡文明新生活，是现代女性的责任。

（二）母亲与子女教育

有民歌唱道："天大地大不如母亲的恩情大"，母亲不仅养育了儿女，而且还是孩子最初的启蒙老师。无论是从智力开发、情感教育、性格培养，还是养成健康体魄、审美情趣、人生信念，母亲对子女的影响是巨大的，也是不可替代的。有很多成功的人，都把自己的成就归功于母亲。在我国，自古广泛流传着"孟母三迁"、"岳母刺字"故事，广大妇女都秉承着"相夫教子"的优良传统。随着社会的发展，母亲对子女的教育不仅要讲责任，更要讲方法，注意教育的规律性，使家庭教育从经验育人向科学育人转变。在子女教育中，应注意几个原则：

1. 阶段性原则。孩子从胚胎开始到长大成人，都离不开母亲的教养。孩子成长的每个时期，都有不同的特点，需要母亲与孩子不断地交流，细致地感受，及时地教导。当孩子还在母亲的腹中时，母亲的情绪、感受，对孩子气质形成有一定的影响，因此，不能忽视胎教的作用。在婴幼儿时期，孩子的语言、感觉能力的形成与母亲的爱抚、关心、交谈有密切关系。幼儿期的孩子，身体和智力发展迅速，要多引导孩子感受外部世界，培养孩子的好奇心，鼓励孩子多模仿并有意识地培养孩子良好的生活习惯也不可忽视。到了小学阶段，要引导孩子热爱学习，养成学习习惯就十分重要。中学阶段孩子的学习任务重，身体发育快，情感丰富，独立性增强，孩子容易产生逆反心理，有的孩子还会产生厌学心理。需要细心观察孩子的行为，多和孩子沟通，千万不能让孩子辍学。初中毕业后，孩子要继续升学还是回乡务农，是关系到孩子前途的大事，母亲一方面要尊重孩子的选择，另一方面，要根据孩子的具体情况，为孩子选择将来的职业范围和生活之路作好参谋。孩子长大后，在情感婚姻问题上，母亲也应是孩子最可靠的朋友和导师。

2. 示范性原则。父母是孩子最好的老师，在日常生活过程中，家庭关系、生活方式、特别是父母本人的言行举止、气质都会对孩子产生潜移默化的影响。母亲在子女的幼年时期，是主要照料者，她的思想、情感、性格、行为对孩子的影响更为关键。丁玲是我国著名的文学家，她热爱文学的种子是她能诗善画的母亲在她幼小的心田里播下的。诺贝尔奖获得者玛丽·居里在孩子幼年时，就培养他们的独立思考能力，她的女儿伊雷娜·居里在她的教育下，也荣获诺贝尔奖。有的家庭中，母亲尽管没有多少文化，但自立、自强、正直、诚实、明理、勤劳的美德与富有爱心、责任心、同情心的高尚情感，同样能给孩子以极大的影响。

3. 激励性原则。有一句俗话："好孩子是夸出来的"，随着年龄的增加，孩子的自我意识逐步增强，外界的鼓励对孩子的行为有着促进和推动作用。在赏罚分明的基础上，要善于发现孩子的优点，激发孩子自我学习、自我成才的热情。大发明家爱迪生从小好问，爱动脑动手，在退学回家后，母亲亲自辅导他，鼓励他发展他对物理化学的学习兴趣，节衣缩食支持他进行科学试验，为他成为大发明家打下了基础。可见，肯定孩子的进步，发现孩子的成绩，激发孩子发奋，在孩子成长过程中是十分重要的。即使是成年人，也是"温言一句胜过责语十言"，所以，善用夸奖有时能收到事半功倍的效果。

4. 现实性原则。家家都有望子成龙的美好愿望。但是有的家庭，尤其是母亲，常把自己的希望寄托在孩子身上，希望自己承受的困难通过孩子的将来得到补偿。因此对孩子的培养有着过高的期望，一方面在生活上过分地关心和爱护，另一方面在学习上过分要求孩子。这样一来，孩子心理压力很大，自理能力差，反而带来很多的问题。因此，要从孩子的实际情况出发，作到"对孩子要求的，是孩子做得到的"，"对孩子的关心，是孩子所需要的"。在教育中，不仅要教会孩子怎样学习，更重要的是要学会怎样做人，怎样做事。要从孩子自身的情况出发，给孩子心理和人格发展提供广阔的空间。只有这样，孩子的身心才能得到健康的发展。

总之，正确的家庭教育能为孩子德、智、体、美全面发展奠定良好基础，关系到孩子一生的前途。母亲在家庭教育中起着至关重要的作用。值得注意的是，从智力开发而言，文盲母亲对子女的智力启蒙是难以有很大的帮助的。近年来，我国积极开展"春蕾工程"，让辍学的女孩重返校园，就是为了明天的母亲成为有文化的人。我国还积极开展成人扫盲工作，2001 年 8 月，我国荣获联合国教科文组织授予的国际扫盲奖。因此，女性受教育不仅有利于每个家庭的文明程度的提高，更是为了中华民族的全民素质的提高。每一位母亲都应该努力提高自己各方面能力，与孩子共同成长。

（三）传染性疾病的预防常识

　　传染性疾病是人体感染病原微生物后产生的有传染性的疾病。传染病对人类的危害十分巨大。它的主要危害是可以造成疾病的传染与流行，一些严重的传染病的发生会产生灾难性的后果。例如，艾滋病已经在全球感染了5600多万人，2000多万人死亡。传染病还会对下一代造成不良影响。如果母亲患感染性疾病可能引起妊娠中止或各种发育异常，包括先天畸形和智力发育障碍等。肝炎病毒、艾滋病病毒可通过母亲血液直接传染给新生儿。为了预防、控制和消除传染病的发生与流行，保障人民身体健康，我国制定了《中华人民共和国传染病防治法》，对传染病实行预防为主的方针，防治结合，分类管理。

　　传染病的种类有很多，根据它的严重程度，我国将它们分为甲类、乙类和丙类。常见的传染病有：霍乱、鼠疫、病毒性肝炎、伤寒和副伤寒、艾滋病、淋病、梅毒、脊髓灰质炎、麻疹、百日咳、白喉、流行性脑脊髓膜炎、狂犬病、流行性乙型脑炎、疟疾、肺结核、流行性感冒、流行性腮腺炎等。

　　传染病是怎样流行的呢？一般说来，它的流行离不开三个要素：一是传染源，二是传播途径，三是人群易发性，也就是说，如果一种传染病容易在人群中传播，而且已经有人或动物染上了的话，通过一定的途径，就可能造成大规模的流行。要控制传染病的流行，首先要切断传染源。如果是动物要及时将其处理，如果传染源是人，则需要及时发现并迅速隔离。任何人发现传染病病人或者疑似传染病病人时，都应当及时向附近的医疗保健机构或者卫生防疫机构报告。根据规定需要进行隔离治疗或进行医学观察的的传染病病人，如艾滋病病人，要遵守规定，不得擅自离开指定医院，传染病病人及其亲属和有关单位以及居民或者村民组织应当积极配合。其次，要控制传播途径。不同的传染病有不同的传染途径。如艾滋病是通过血液或其它体液传播，因此应避免与病人的体液的直接接触；登革热、疟疾是通过蚊虫传播，则要积极消灭蚊虫；霍乱为粪——口途径传播，苍蝇、不洁饮用水和食物都能导致病例的散发；而非典型性肺炎是通过飞沫传播，则要戴口罩。再者，传染病暴发、流行时，当地民众应当积极配合政府立即组织力量进行防治，切断，如果需要隔离的地区，要及时采取措施，防止疫情的扩散。

传染性疾病中，疟疾、结核是世界上流行最广的两大传染病。艾滋病的传播也十分迅速。艾滋病在亚洲的传播速度是全世界最快的地区，而我国艾滋病的传播速度居亚洲第四位。艾滋病是 HIV 引起的慢性致死传染病，发病之前外表和健康人一样，但仍会通过体内的血液等传播。在我国，艾滋病患者中的三分之二是采用不洁针头静脉注射毒品引起的感染，还有性传播和母婴传播等。因此洁身自爱，远离毒品是必要的防御形式。

传染病并不可怕，首先，传染病并不都是不治之症，染上疾病的患者应马上到医院就诊。有的人染上了传染病后，并不立即发病。因此，如果发现自己或家人有患上传染病的可能时，要及时到医院确诊，不能抱有侥幸心理。要依靠科学来治病防病，千万不能依靠封建迷信活动，那样只会延误病情，扩大疫情范围，害人害己。第二，传染病也不是不可以预防的。传染病病毒存活的时间长短不一，但脏乱差的卫生死角是滋生细菌、潜藏传染病毒的主要环境。因此，平时一定要注意公共卫生，努力消除鼠害和蚊、蝇等病媒昆虫，以及其他传播传染病或者患有人畜共患传染病的动物的危害，建设和改造公共卫生设施，对污水、污物、粪便加强卫生管理，改善饮用水卫生条件，营造良好的生活和工作环境。还要注意家庭和个人卫生，勤清洁，勤洗手，勤洗脸，勤换衣物。养成良好的卫生习惯，饭前便后要洗手，常剪指甲，不要喝生水，不吃没有洗净的瓜果。不随地大小便。如果传染病开始流行，尽量不要到人群集聚的地方去。预防还有一个重要手段是接种疫苗，儿童从出生起，就必须按国家的计划免疫程序进行各种预防接种。成年人也可根据情况，适当地接种易发传染病的疫苗。

　　防治传染病是我们大家的责任，也是我们美好生活的保障。

（四）云南旅游资源

云南山川秀美，有着极其丰富的自然景观。海拔最高的梅里雪山卡格博峰为6，740米，最低点南溪河口海拔仅76米。如此巨大垂直变异的地质构造，加上特殊的地理位置，使云南形成了独特的立体气候：十里不同天，一山有四季，滇中广大地区则四季如春；使云南几乎囊括了从海南岛到黑龙江中国大地上所有气候类型和风景景观：既有热带雨林景致，又有雪域和草原风光，还有北半球纬度最低的雪山冰川，而雄奇壮伟的石林和"三江并流"更是世界上独一无二的。

著名的、独具特色的自然景观，在昆明地区，有巍峨的西山、浩渺的滇池，千峰竞秀的石林，以雄、奇、险、秀著称的九乡溶洞。在滇西北，有玉龙雪山、梅里雪山、长江第一湾、虎跳峡、碧塔海、白水台，以及美丽的香格里拉雪山草原。在滇西一带，要数腾冲的火山地热最广为人知，那里有温泉群80余处，其中水温最高的达96.36℃，热汽升腾，蔚为壮观。而在滇西南的西双版纳地区，奇妙多姿的自然胜景就更多了，有神奇的"独木成林"，"野象谷"，茂密的热带原始森林，水势浩荡的澜沧江，还有姿态万千的热带植物。

垂直变异的地质构造还使云南成为"植物王国"、"动物王国"、"有色金属矿产王国"……其中，花卉资源珍奇富集更是早就驰誉世界。19世纪，欧美各国对云南花卉资源就十分倾慕，西欧曾有"没有云南的花便不是花园"的说法。座落在昆明市北郊风景秀丽的昆明世博园，融山、水、花、木、建筑为一体，集中展示了我国及世界许多国家的园林园艺、植物资源、优秀的民族文化传统和先进的现代园艺科技，倡导了一种人与自然和谐相处的可持续发展理念，时时提醒人们，珍惜美好的自然环境，热爱自然，保护自然，净化美化我们赖以生存的空间。

云南山美水美人更美。这块土地上世代生活的 26 个民族所具有的多姿多彩的民族文化和民族风情，包括各个民族的历史、语言文字、文学作品、服饰、音乐舞蹈、美术、节庆、建筑、饮食等等，还有与之相关联的中国最完备的宗教文化现象，更是举世罕见，独具魅力。

悠久的历史，众多的民族，形成了丰富的人文景观。历史古迹方面，有昆明的圆通寺、金殿、金马碧鸡坊，大理的古城、崇圣寺三塔，丽江的大研古城，迪庆的松赞林寺，西双版纳的曼飞龙白塔、景真八角亭等等。与民族风情有关的人文景观更是数不胜数。傣家的竹楼，白族的"三坊一照壁、四舍五天井"式院落，摩梭人的木楞房，代表着云南多样的民族民居艺术；彝族的火把节，傣族的泼水节，白族的三月街，展示了令人神往的民族风情；各民族多彩的服饰、礼仪、婚俗、歌舞，构成了丰富的民族文化内涵。

在昆明市的南郊，波光浩渺的滇池之畔，有一个享有盛誉的旅游景点：云南民族村。云南民族村始建于 1988 年，是一处融自然风光与浓郁的民族风情为一体的旅游胜地。云南民族村展示了云南多姿多彩的民族文化，如各式各样的民居建筑，五彩缤纷的民族服饰，优美动人的音乐舞蹈，妙趣横生的习俗礼仪，热烈欢快的民族节庆等。云南民族村规模宏大，民族村中的工作人员都是从云南各地挑选出来的本民族能歌善舞的姑娘小伙，他们和谐共处，仿佛一个团结友爱的民族大家庭。

特殊的区位，还使云南成为中国大陆联结东南亚、南亚的桥梁，成为中原文化、藏文化、东南亚文化、西方文化的交汇点。

云南还是地球生命的摇篮、人类祖先的发祥地、中华文明的源头……

这一切使云南显得那样的神奇，构成了云南得天独厚的旅游资源。开发旅游资源正逐渐成为云南的特色产业、支柱产业、朝阳产业和富民产业。云南旅游产业的发展，将有力地推动经济结构调整，刺激消费，扩大就业，增加农民收入，加快脱贫致富的步伐。

（五）西部大开发与环境保护

　　20 世纪 80 年代初，在我国改革开放和现代化建设全面展开之后，邓小平同志提出了"两个大局"的战略构想。"一个大局"是沿海地区加快对外开放，较快地发展起来，内地要顾全这个大局；另"一个大局"是沿海地区发展到一定时期，要拿出更多的力量帮助内地发展，沿海地区也要顾全这个大局。2000 年 1 月 16 日，国务院决定成立国务院西部地区开发领导小组，明确把实施西部大开发战略作为全国发展的一个大战略，从而揭开了西部大开发的序幕。

　　西部地区包括我国的陕西、甘肃、宁夏、青海、新疆、四川、云南、贵州、重庆、内蒙古、广西、西藏等 12 个省、自治区、直辖市。历史上以长安为起点，穿越西部地区的"丝绸之路"，曾是中国对外交流的第一通道。漫长的陆地边境线为西部地区发展陆地边境贸易带来了得天独厚的条件。西部地区自然资源丰富，发展潜力大、空间大。但由于西部地区地形条件和气候条件比较差，自然生态环境脆弱，自然灾害频繁，诸如降雨量少，日照强烈，风蚀严重，水资源短缺，干旱、沙漠化严重，水土流失，滑波，地震等自然因素的制约，开发程度低，人口稀少，经济发展相对缓慢，全国尚未实现温饱的贫困人口大部分分布在该地区。西部大开发的目的就是要实现东西部共同发展的战略目标。其中，加强西部生态环境保护和建设，是西部大开发的根本点和切入点。

　　保护生态环境是关系国家长远发展和全局性的战略问

题，环境保护对西部的省区尤为紧迫和重要。西部，从来就是中华民族繁衍生息的根据地。由于西部环境的恶化，中国历史上曾出现文明中心由西向东，由黄河流域向长江流域转移的过程，但黄河、长江，我们中华民族的母亲河，渊源不变，是西部的高山、大河在支撑着母亲河，支撑着数千年传承不衰的中华文明。党中央高瞻远瞩，纵古观今，提出西部大开发的宏伟战略，并指出，西部大开发必须坚持可持续发展战略，必须坚持环保第一的原则。可以说，西部的环境状况，关系着全中国能否实现可持续发展，也关系着中华民族能否实现伟大的复兴，这是中华民族的又一次了不起的觉醒。正是在这些科学论断的指导下，中国西部正在掀起一场绿色运动，黄土高原已开始慢慢变绿，千里戈壁将得到治理，江河湖海的保护将得到前所未有的重视。近年来，国家连续不断地投入巨资用于西部大江大河的治理和保护。例如，滇池治污，青海湖保护，长江防护林建设，三江源保护，西部防风固沙，长江三峡电站、黄河小浪底水利枢纽工程等一大批泽被后世的大型工程在西部展开。

云南省以绿色经济强省、旅游经济大省作为西部大开发的重点建设目标之一，完全是基于云南得天独厚的"环境"特征和"环境"优势。在这浓缩了我国北起黑龙江、南到海南岛几乎所有气候类型的39.4万平方公里的土地上，山脉峡谷交错，江河湖泊纵横，森林花卉遍地，被誉为动物王国、植物王国、天然药物王国。"天气常如二三月，花枝不断四时春"的春城昆明，小桥流水人家的古城丽江，世外桃源的"香格里拉"，千峰叠嶂的石林，这一切天造地设的"环境"，使云南不仅闻名全球而且独具发展潜力。

但是，云南的环境状况不容乐观。全省城市附近的河流、湖泊，一半以上受到严重污染，而且污染还在不断扩大，滇池是全国污染最严重的湖泊之一；全省水土流失面积约占国土总面积的1/3；城镇引用水水源在不断恶化，不能满足集中式饮用水源水质标准的水源约占1/3；全省一半以上的城市大气环境质量劣于三级标准，城市（镇）出现酸雨的范围仍在扩大。此外，珍稀物种消亡速度加剧，功能区噪声污染加重，固体废弃物和垃圾围城现象得不到较好的处理，等等。

　　因此，环境保护是云南发展的基础工程和前提，是国家西部开发、可持续发展战略的重要组成部分，也是发展云南迫在眉睫的任务。

　　同时，我们应当认识到，环境保护与我们每个人的生存是如此息息相关，需要全民的自觉和行动，环保意识应当从娃娃抓起，环保行为应当从自己做起，从身边的小事做起，才有可能把我们的家园建设得更加美好，和东部一起共同迈进小康社会。

（六）我们的友好邻邦——越南

越南地处中南半岛东部，西面和南面与老挝、柬埔寨为邻。北面与我国的云南和广西接壤，中越边界长1，340余公里。国土总面积为32.95万平方公里。大部分地区属热带季风气候，全年分为雨季和旱季，常年气温平均在22℃以上。越南处于东南亚的腹地，被称为东南亚的心脏，中南半岛的门户。全国划分为50个省、三个直辖市。越南的首都是河内。

越南有着悠久的历史，越南人民为了国家的独立和自由进行了长期艰苦的斗争。1987年以来，越南积极推行革新开放的国家建设方针，使国家出现了生机勃勃的发展局面，取得了令世人瞩目的成果。

越南是一个多山国家，山地和高原占全国面积的3/4，平原占1/4。全国地形呈"S"形状。北部和西北部有森林密布的崇山峻岭；中部的长山山脉纵贯南北，是越南地形的骨干；北部和中部地区有草木丰茂的高原；北部、南部和中部沿海还有河流长期冲积而成的平原。北方最大的平原红河三角洲和南方最大的平原湄公河三角洲，被称为越南的两个"大粮仓"，它们和中部的长山山脉一起构成了"一条扁担挑着两个粮仓"的秀丽风景。越南的旅游资源丰富，全国有70多处名胜古迹，散布在20多个省市。近几年来，越南旅游业发展迅速，她迷人的山光水色，吸引了越来越多的来自世界各国的旅游者。

越南是一个多民族的国家，人口约为7，650万（1999年），其中京族（越族）是她的主体民族。越南现有100多万华人，他们为发展当地的经济作出了积极的贡献。越南人民勤劳勇敢，热爱生活，有着丰富的民族风情。越南的主要宗教是佛教，儒教、道教、罗马天主教、伊斯兰教和新教等也是越南人民信仰的宗教。此外，人们普遍信奉城隍，崇拜和祭祀祖宗，在家供祭祖先、灶君、农神、城隍、土地神等，还在村寨建有城隍庙、宗祠，每年都要举行隆重的祭祀活动。春节是越南民间最盛大的节日，和我国一样，同样要贴春联、年画，亲朋好友互相拜年等。还要组织庙会，每家出人参加，献米、酒、猪、鸡、鸭、糕点、五色米等作为供品，举行祭献活动。每年腊月的下旬，还要举行盘古节，各家各户都杀猪宰牛，祭祀传说中的开天始祖盘古。越南还有很多民间节日，日期和内容同我国的节日区别不大。越南菜同中餐差别也不大，特色菜有炸春卷、炸鸽子、田螺肉丸子、白斩鸡、炒鳝鱼、炒田鸡等。主食以米饭为主，还有米粉、面条、粉丝等。常言道，"入乡随俗"，越南人民也有一些自己的禁忌，比如不愿意别人拍自己的肩膀或被人用手指着大声呼喊；忌讳称赞小孩胖；喝酒时忌讳把酒杯或酒瓶倒扣过来；买东西还价时，忌讳只还价一次，如果你还价，不想买也要讨价还价几次。另外，认为白色、蓝靛色是丧服，年初、月初忌穿白色、蓝靛色衣服。这些是在越南的公众交往和日常生活中需要注意的。

中越两国是唇齿相依的邻邦，两国人民世世代代友好往来，无论在战火纷飞的年代，还是和平建设时期，中国人民在人员、物资和道义上都曾给予越南人民宝贵的援助和支持，许多中国援外人员还为支援越南流血牺牲。这体现了中越两国人民之间亲如手足的深情厚谊。

中越两国有公路、铁路相连，还有"黄金水道"澜沧江—湄公河水路连接，在友好合作的基础上，中越两国在促进边境贸易、加强经济技术合作、发展国际旅游等方面有着广阔的前景。

（七）世界有多大

　　在浩瀚的宇宙中，有一颗美丽的蓝色星球，那就是我们居住和生活的家园——地球。她位于银河系中的太阳系，是太阳系中的九大行星之一。地球是太阳系中的第五大行星，是距太阳最近的第三颗行星。地球的年龄约有46亿年，赤道周长约40，091公里。体积有1，084，000百万立方公里。它绕太阳公转一周需365.25天，即一年；自转一周需23小时56分，即一天。正因为它的天体运动，形成了春夏秋冬、白昼黑夜。月球是地球的卫星，它在自转的同时绕着地球旋转，因而我们可以看到月亮的阴晴圆缺。

　　经过上亿年的演化，地球形成了多种多样的地理形态和异彩纷呈的自然美景。地球的表面积约51，000万平方公里，其中海水占71％，约35，800万平方公里；陆地面积占29％，约15，200万平方公里。海洋与陆地形成了七大洲四大洋，它们是：亚洲、非洲、北美洲、南美洲、欧洲、大洋洲、南极洲；太平洋、大西洋、印度洋、北冰洋。在地球上，有江河湖海、高山丘陵、沙漠荒原、岛屿冰川。各种动物植物在这里繁衍生息，争奇斗艳。

　　在地球上，有的地方是沃野千里，人烟密布；有的则冰天雪地，人迹罕至。现在，大约有61亿人口居住在仅占地球陆地面积百分之十五的土地上。世界人口中，大约有三分之二以上居住在地球的最大洲——亚洲。目前，超过一亿人口的国家有10个，其中，中国人口最多。世界上民族众多，大小民族有2，070多个，其中人口在百万以上的民族270多个。世界上有6，000多种语言，最多人说的语言是中国的普通话，说英语的人数占世界第二位。

在几千年历史长河中，人类用智慧、勇敢和勤劳创造了丰富的物质文明和精神文明。但是，人类也面临着一些严重的问题。首先，人口过度增长，目前，世界人口以1.3%的速度增长，预计到2050年，全球人口最低79亿，最高达109亿。人口的增加将造成资源的短缺。其次，毒品和艾滋病猖獗。据统计，截止至2001年6月，约2,180万人死于艾滋病，其中儿童430万。全球共有2亿人吸毒。第三，贫富差距越来越大，目前，世界最富国的文盲率为1%，人均寿命为78岁，而非洲的人均寿命仅45岁，文盲率81%，妇女文盲率高达90%。第四，环境恶化，生态破坏严重。截至2001年10月，地球上约有3,600万平方公里的面积已经荒漠化，而中国荒漠化面积占全国总面积的27.3%，是世界上面积最大分布最广，危害最严重的国家之一。这些都是全世界人民共同面临的问题，需要各国人民正确认识、积极应对。

随着社会的发展，科技的进步，世界各国的经济文化交流越来越密切，国际化不仅体现在外交外贸，还逐步体现到了日常生活中。走出国门学本事，吸引外资搞建设已是我们身边常发生的事，我们的生活生产消费也不断地出现国外的产品。中国加入WTO后，与国际接轨的步伐越来越快。交通与通讯也越来越便利。乘坐飞机，几个小时内，可以从东半球飞到西半球；借助电视卫星，我们可以坐在家里观看几千里外足球赛的现场直播；电话将远在重洋的亲人的声音传递到耳边；INTERNET让你和世界各地的人同时聊天。现在，人类已经登上了月球，建立了宇宙空间站，不断地在探测地球以外的大千世界。如果真有其它文明星球存在，也许有一天，地球人可以移民到宇宙的其它地方。

世界很大，却又很小。

（八）信息社会与地球村

把地球比作一个村，几年前也许你会觉得太离谱了，可是现在一切都已变成了现实：农民卖菜不用出门，用网络发货，自有人上门收购；花农卖花只需一点鼠标，几个小时后鲜花就会盛开在几千里外的人家。孩子在自己的学校可以听到全世界最好的老师上课，世界发生的大事随时可以在你面前通报，如果你想旅行，你可以大门不出就订好车票、机票及旅馆，如果你要买东西，也可以在网上搞定。如果你有疾病，可以请各地的专家在网上给你会诊。你随时能和远在千里的朋友联络，就像靠着自家的篱笆和隔壁的邻居聊天那么亲近……这就是信息社会的魔力。

从历史发展阶段来看，人类历史经历了农业社会、工业社会，正在逐步步入信息社会。信息社会的特点是：信息作为一种重要的资源和财富，和能源、材料一起构成支配人类社会发展的三大基本要素。随着计算机技术和通讯技术、网络技术的发展，信息成为影响人类社会发展的决定性力量，信息资源的开发利用日益走向社会化、产业化。在现代社会中，竞争的胜负很大程度上取决于对信息的掌握程度。信息化已经成为振兴经济、提高竞争力、提高人们生活质量的主要手段，是未来经济和科技竞争的焦点，是衡量一个国家综合国力的重要因素。在信息化社会，物质生产和知识生产结合起来，利用知识和信息资源，将大幅度提高产品的知识含量和高附加值，一种新的世界经济形态——知识经济时代正向我们走来。

随着计算机普及和计算机网络的快速发展，人们的工作、生活、教育、学习、娱乐、休闲方式发生了很大的变化。现在，网上政府、网上公司、网上商店、网上学校、网上医院、网上社区等形成了一个与现实社会平行的虚拟社会，成为现实社会的补充和延伸。信息化使人们在信息传递和获取方面更加便利，人们可以打破地域差别和因经济发展不同而造成的差异。今天，一个全球性的企业可以将它的研发部门、加工基地、销售部门分设在世界各地，而各部门之间的信息交流象在一座办公楼里一样方便。远程教育、远程医疗的应用，将加速边远地区的经济发展和社会进步。

信息化在各行各业都产生着深刻的影响。农业信息化在农业资源优化、农业灾害预测预报、农业生产测算、农业信息政策发布、农产品信息流通等方面发挥着重要作用。企业信息化不仅减少了公务旅行的开支，而且加快了产品开发和销售的速度。电子商务的发展，将大大缩短产品与市场之间的距离。可以通过网络信息交流，有的企业直接将产品送到用户手中。社会资源得到了更充分合理的应用。政府部门将办公程序全部在网上实现，大大节省了信息周转的时间，并且可将大量的政策及相关资料及时公布，作到政务公开，既提高了办公效率，又方便了群众。通过互联网和多媒体，人人都可以享用最好的学校、教师和教材课程，不受地理、距离、财力和残疾的限制，学习效率将大大提高，并能实现终身学习。现在，一部分工作人员已实现了在家上班，对于缓解交通拥挤、节约能源、提高工作效率将起到积极作用。无论何时何地，可以通过联机方式获得各种信息资源，大大地拓展了人们的视野，带来人们的价值观念和思维方式的变革。人们不仅在现实空间中生活，而且在不讲等级身份、自由的电脑空间展开各种活动，形成新的人际关系，构筑了网络新文化。数字化技术使我们的家用电气变得聪明起来，信息资源将成为家居生活的必需品。信息化还将加速各种文化的吸收、融合，对文化的影响极为深远。此外，信息化对军事、外交、科技、社会管理、生态环境等，都有不可估量的影响。

现在，世界各国都在积极建设"信息高速公路"，地球越来越变成一个信息快速互通的小世界。我国对国家信息化建设十分重视，正在积极建设国家信息基础设施，重点开发信息技术，大力促进信息产业，搞好以"三金工程"为代表的重点领域信息系统建设，逐步建立健全和完善以信息资源、国家信息网络、信息技术应用、信息技术与产业、信息化人才、信息化政策法规和标准为要素的国家信息化体系。

社会要实现信息化，不仅需要国家的倡导、技术的支持，更需要人们自身素质的准备。对个人而言，只有努力学习科学文化知识，提高信息素养，使自己成为能主动获取信息、正确分析信息、有效利用信息的"信息人"，才能跟上时代的步伐。对社会而言，提高全民的科技素质、人文素质、生态文明意识，普及信息技术，是推进我国的现代化建设和信息化进程的必由之路。

附录一　汉语拼音方案

一　字母表

字母名称	Aa	Bb	Cc	Dd	Ee	Ff	Gg
	Hh	Ii	Jj	Kk	Ll	Mm	Nn
	Oo	Pp	Qq	Rr	Ss	Tt	
	Uu	Vv	Ww	Xx	Yy	Zz	

二　声母表

b 玻	p 坡	m 摸	f 佛	d 得	t 特	n 讷	l 勒
g 哥	k 科	h 喝		j 基	q 欺	x 希	
zh 知	ch 蚩	sh 诗	r 日	z 资	c 雌	s 思	

三 韵母表

	i 衣	u 乌	ü 迂
a 啊	ia 呀	ua 蛙	
o 喔		uo 窝	
e 鹅	ie 耶		üe 约
ai 哀		uai 歪	
ei 欸		uei 威	
ao 熬	iao 腰		
ou 欧	iou 忧		
an 安	ian 烟	uan 弯	üan 冤
en 恩	in 因	uen 温	ün 晕
ang 昂	iang 央	uang 汪	
eng 亨的韵母	ing 英	ueng 翁	
ong 轰的韵母	iong 拥		

四　声调符号

阴平	阳平	上声	去声
ˉ	ˊ	ˇ	ˋ

声调符号标在音节的主要母音上，轻声不标。例如：

妈 mā	麻 á	马 ǎ	骂 à	吗 a
（阴平）	（阳平）	（上声）	（去声）	（轻声）

附录二 常用计量单位及其换算

（一）长 度

1 公里 = 1000 米   1 米 = 10 分米

1 分米 = 10 厘米   1 厘米 = 10 毫米

1 公里 = 2 市里   1 米 = 3 市尺

1 市里 = 0.5 公里   1 市尺 = 0.333 米

（二）面 积

1 平方公里 = 100 公顷 = 1000000 平方米

1 平方米 = 100 平方分米 = 10000 平方厘米

1 平方分米 = 100 平方厘米

1 平方厘米 = 100 平方毫米

1 公顷 = 15 市亩   1 市亩 = 60 平方丈

1 市亩 = 6.6667 公亩

（三）体 积

1 立方米 = 1000 立方分米 = 1000000 立方厘米

1 立方分米 = 1000 立方厘米

1 立方厘米 = 1000 立方毫米

（四）容　量

1 立升 = 1000 毫升　　　　　1 升 = 1 市升

1 立升 = 1 公升　　　　　　1 升 = 1000 毫升

（五）重　量

1 吨 = 1000 公斤 = 1000 千克

1 公斤 = 1000 克 = 1 千克

1 克 = 10 分克　　　　　　1 分克 = 10 厘克

1 厘克 = 10 毫克

1 公斤 = 2 市斤　　　　　　1 市斤 = 0.5 公斤

1 公斤 = 1000 克　　　　　　1 市斤 = 500 克

图书在版编目（CIP）数据

农村妇女扫盲教育读本/云南省教育厅基教处编.
昆明：云南大学出版社，2011（2015重印）
ISBN 978 - 7 - 81068 - 613 - 6

Ⅰ.农… Ⅱ.云… Ⅲ.扫盲—乡村教育：妇女
教育—教材　Ⅳ.G722.4

中国版本图书馆 CIP 数据核字（2011）第052013 号

农村妇女扫盲教育读本
欧盟—外交部经济社会文化权利合作项目云南办公室
　　　云南省教育厅基础教育处　　　　　　　　编
责任编辑：赵红梅
绘　　图：丁群亚
封面设计：周　旸
责任校对：虞　宏　康　实
出版发行：云南大学出版社
电　　话：0871 - 65031071
印　　装：昆明卓林包装印刷有限公司
开　　本：850 × 1168　1/32
字　　数：150 千
印　　张：6.25
版　　次：2011 年 1 月第 1 版
印　　次：2015 年 12 月第 7 次印刷
书　　号：ISBN 978 - 7 - 81068 - 613 - 6
定　　价：12.00 元